高职高专旅游大类专业新形态教材

前厅服务与数字化运营
（微课版）

何　玮　卢静怡　主　编

张　潮　副主编

清华大学出版社

北京

内 容 简 介

本书遵循"实用、专业"的原则进行编写,针对服务技能和管理能力及工作岗位要求,分为前厅服务操作篇和数字化运营管理篇两部分。前厅服务操作篇根据宾客到店的业务流程,将教学章节分解成认识前厅部、预订服务、礼宾服务、总台服务、总机和商务中心服务五个模块。数字化运营管理篇分为前厅管理基础知识、前厅宾客关系管理、前厅收益管理、前厅信息管理系统、前厅服务质量管理五个模块。

本书注重线上和线下融合,采用理实一体新型教学方法,配套二维码视频教学资源,通过数字化内容推动课堂教学革新,旨在提高酒店管理与数字化运营专业的人才培养质量。

图书在版编目(CIP)数据

前厅服务与数字化运营:微课版/何玮,卢静怡主编. —北京:清华大学出版社,2022.10(2024.8重印)
高职高专旅游大类专业新形态教材
ISBN 978-7-302-61615-3

Ⅰ.①前… Ⅱ.①何… ②卢… Ⅲ.①饭店－商业服务－高等职业教育－教材 ②饭店－运营管理－高等职业教育－教材 Ⅳ.①F719.2

中国版本图书馆 CIP 数据核字(2022)第 147705 号

责任编辑:吴梦佳
封面设计:傅瑞学
责任校对:李　梅
责任印制:刘海龙

出版发行:清华大学出版社
　　　　网　　　址:https://www.tup.com.cn,https://www.wqxuetang.com
　　　　地　　　址:北京清华大学学研大厦 A 座　　　邮　　编:100084
　　　　社 总 机:010-83470000　　　　邮　　购:010-62786544
　　　　投稿与读者服务:010-62776969,c-service@tup.tsinghua.edu.cn
　　　　质量反馈:010-62772015,zhiliang@tup.tsinghua.edu.cn
　　　　课件下载:https://www.tup.com.cn,010-83470410
印 装 者:三河市天利华印刷装订有限公司
经　　销:全国新华书店
开　　本:185mm×260mm　　印　张:11　　　　　字　　数:262 千字
版　　次:2022 年 10 月第 1 版　　　　　　　印　　次:2024 年 8 月第5 次印刷
定　　价:39.00 元

产品编号:094457-02

前　言

党的二十大报告提出教育、科技、人才是全面建设社会主义现代化国家的基础性、战略性支撑。在实施科教兴国战略、强化现代化建设人才支撑的背景下,高等职业教育在办好人民满意的教育、深入实施人才强国、坚持尊重劳动和尊重人才、完善人才战略布局中的作用日益凸显。酒店业对"宽视野、厚基础、精技能"的专业技能人才需求十分迫切,但当前职业院校课堂教学与企业实际操作存在一定差距,"前厅服务与数字化运营"作为酒店管理与数字化运营专业的核心课程,其教学质量对改善酒店人才供给与需求间的结构性矛盾有着重要作用。

本书在校企合作的基础上进行课程开发设计,按照酒店前厅职业工作任务和工作过程的实际情况对工作任务与过程进行解析和归纳,在此基础上根据教学论原则进行理论系统的处理,突出业务实训,同时结合准备工作和业务知识,将学生学习的过程转换成完成任务、能力提升的过程。

本书遵循"实用、专业"的原则进行编写;教学模块设计遵循递进原则,由简到繁、由易到难、循序渐进;本着适合、适应、适用的原则,通过各种形式的分析演练培养学生的自主学习能力,通过教学组织的设计为"宽视野、厚基础、精技能"的复合酒店管理人才打下基础。本书主要特点如下。

(1) 本书侧重理论指导下的前厅服务与管理实务与运作,着眼于学生对未来饭店企业新岗位群诸多需要的现实,立足于提高学生的整体素质和培养学生的综合能力,贯彻科学性、实用性、先进性、规范性原则,吸取前厅管理与服务的最新知识和技术,注重知识的应用性和可操作性。

(2) 本书内容深入浅出,难易适度,适用性强,兼顾学术性与普及性,理论性与应用性并重。

(3) 本书编写注重线上和线下教学高度融合,理实一体新型教学方法,配有二维码视频教学资源,通过数字化书推动课堂教学革新,提高酒店管理与数字化运营专业的人才培养质量。

(4) 本书坚持职业教育特色,突出质量为先,遵循职业技能型人才的成长规律,知识传授与技术技能培养并重,紧密结合酒店前厅部职业岗位的实际工作任务,以职业能力培养为核心,以酒店前厅部业务运作过程为主线,在内容编排方面做了优化。

2022 年 12 月,浙江省高等教育学会将本书评为浙江省高职院校"十四五"首批重点建设教材。本书共分为十个模块,由浙江旅游职业学院酒店管理学院何玮担任主编并负责全书大纲制订和统稿工作,浙江旅游职业学院酒店管理学院卢静怡为第二主编、张潮为副主编。本书的模块一、三、六、七、十由何玮编写;模块二、四、由卢静怡编写;模块五、八、九由张潮编写。

本书在编写过程中得到了开元旅业集团的大力支持与帮助,杭州开元名都大酒店房务总监朱彬丽对书进行了审稿。本书在编写过程中借鉴了大量的中外文献资料,感谢所有参考资料的作者。本书不仅可以作为酒店管理与数字化运营、旅游管理、烹饪工艺与营养等相关专业的师生用书,也可以作为行业相关人员及酒店企业内部培训参考用书。

由于编者水平有限,书中难免存在疏漏和不足之处,诚请师生和读者批评指正,以便日后进一步修改完善。

编者 何玮

2023 年 8 月

CONTENTS
目 录

前厅服务操作篇

前厅服务操作篇

模块一

认识前厅部

 学习目标

知识目标：了解酒店前厅部在酒店运行中的地位和作用；了解前厅部的组织机构设置
与主要管理岗位的职责；熟悉酒店前厅环境设计与控制的基本要求。

能力目标：掌握前厅部人员素质的基本要求，培养自己的职业素养。

课程思政：培养学生爱岗敬业的工作意识；乐观、诚实的工作态度；前厅工作中的团队
合作精神。

项目一　前厅部的作用和任务

前厅是每一位客人抵达、离开酒店的必经之地，是酒店对客服务开始和最终完成的场
所，也是客人对酒店形成第一印象和最后印象之处。前厅接待服务及管理区域所设置的相
关岗位及结构单元组成了酒店组织机构中十分重要的部门——前厅部（front office）。它以
房务系统为中心，是具有计划、组织、指挥、协调职能的首要生产管理部门，是负责招徕并接
待客人、销售酒店客房及餐饮娱乐等产品和服务、协调酒店各部门的对客服务、为酒店高级
管理决策层及各相关职能部门提供信息的一个综合性服务部门。前厅部是酒店的"神经中
枢"，是酒店联系客人的"桥梁和纽带"，是酒店经营管理的"窗口"。前厅部的管理体系、工作
程序、员工的素质与表现以及前厅部运转好坏将直接反映酒店的服务质量和管理水平，影响
酒店的经济效益和市场形象。

前厅部的作
用和任务

一、前厅部的作用

前厅部的作用是与它所承担的任务相联系的。前厅部是现代酒店的重要组成部分，在
酒店经营管理中占有举足轻重的地位，具体表现在以下几个方面。

1. 前厅部是酒店业务活动的中心

前厅部是一个综合性服务部门，服务项目多，服务时间长。酒店的任何一位客人，从抵
店前的预订到入住直至离店结账，都需要前厅部提供服务。前厅服务贯穿于客人在酒店内
活动的全过程，是酒店服务的起点和终点。无论酒店规模大小、档次如何，前厅部总是为客
人提供服务的中心。

2. 前厅部是酒店形象的代表

前厅部是酒店对外的营业窗口，有经验的客人通过酒店前厅部服务与管理就能判断这家酒店的服务质量、管理水平和档次的高低。前厅服务的好坏不仅取决于大堂的各项硬件设施，还取决于前厅部员工的精神面貌、礼貌礼节、服务态度、服务技巧、工作效率等。前厅部是给客人留下第一印象和最后印象的地方。第一印象在客人对酒店的认知中会产生非常重要的作用。它产生于瞬间，却会长时间保留在人们的记忆中。客人初到酒店，会产生异地陌生感、不安全感等，会对酒店比较挑剔，面对这种客人，酒店要通过自己的服务，力图改变客人的异地化心理和挑剔心理，让客人有宾至如归的感觉。如果第一印象良好，那么即使客人在住宿期间遇到不如意的地方，也会认为这是偶然发生的，可以原谅；反之，则会影响以后的心理感受。客人入住期满离店时，也要经过大堂，前厅部员工在为客人办理结账手续、送别客人时的工作表现，会给客人留下"最后印象"，优质的服务将使客人对酒店产生依恋之情。此外，在大堂汇集的大量人流中，除住店客人外，还有许多前来就餐、开会、购物、参观游览、会客、检查指导的其他客人。他们往往会停留在大堂，对酒店的环境、设施服务进行评论。因此，前厅部是酒店的营业橱窗，是酒店形象的代表，反映酒店的整体服务质量。

3. 前厅部是酒店业务内外联系的枢纽

前厅部犹如酒店的大脑，在很大程度上控制和协调整个酒店的经营活动，由这里发出的每一项指令、每一条信息都会直接影响酒店其他部门对客人的服务质量。因此，前厅部员工，尤其是接待员必须认真负责，一丝不苟，并经常联络和协调其他部门的工作，以保证酒店正常运转，提高酒店的整体服务质量。

前厅部是客人与酒店联系的纽带，客人有各种要求和求助会反映到前厅部，客人的投诉也会反映到前厅部；前厅部协助各有关部门及时解决各种问题，满足客人的旅居需求。另外，前厅部与客源单位、社会各接待单位、同行及政府职能部门都有交往和联系。因此，前厅部在酒店服务接待过程中起着承上启下、联系内外、疏通左右和总体协调的关键作用。

4. 前厅部是创造经济收入的关键部门

为客人提供食宿是酒店最基本的功能，客房是酒店最主要的商品。在酒店的营业收入中，客房销售额通常要高于其他各项。据统计，目前国际客房收入一般占酒店总营业收入的50%左右，而在我国客房收入还要高于这个比例。前厅部的有效运转有利于提高客房出租率，增加客房销售收入，提高酒店经济效益。除了销售客房以外，前厅部还可通过提供邮政、电信、票务及出租车服务等服务，直接取得经济收入。

5. 前厅部是酒店管理的参谋和助手

作为酒店业务活动的中心，前厅部直接面对市场和客人，是酒店中最敏感的部门。它能收集到有关市场变化、经营管理、客人需求和整个酒店对客服务的各种信息。前厅部是酒店管理的参谋和助手，主要表现在以下三个方面。

（1）在客人入住酒店后，安排客人生活、建立客人资料、处理客账、反映客人意见和结构状况等工作都由前厅部来完成。

（2）前厅部在与客人接触过程中，可直接、切实地了解市场，把握目前酒店经营的特点和趋势，洞察酒店市场规律。

（3）前厅部每天要汇集各部门的营业情况，如房态变化、客流情况等，制作营业日报表及账务报表。在对这些信息进行整理和分析后,每日或定期向酒店管理层提供真实反映酒店经营管理情况的数据报表和工作报告,并向酒店管理层提供参考意见,作为制定和调整酒店经营策略的参考依据。

6. 前厅部是建立良好的宾客关系的重要环节

建立良好的宾客关系有利于提高客人的满意度,争取更多的回头客,从而提高酒店的经济效益,世界各国的酒店都非常重视改善宾客关系。而前厅部是客人接触最多的部门,因此前厅部是建立良好的宾客关系的重要环节。

二、前厅部的基本任务

1. 销售客房

客房是酒店最主要的产品,客房收入是酒店收入的主要来源,除了酒店营销部以外,前厅部的预订处和总台接待也要负责销售客房的工作,受理客人预订,并随时向没有预订的零散客人推销客房等酒店产品和服务。前厅部的首要任务就是销售客房,客房营业收入是考核前厅部管理及运转好坏的重要依据之一。同样,在衡量一位前厅部员工的工作是否出色时,往往也参考其客房销售的能力和实绩。因此,前厅部员工必须尽力销售客房产品,提高客房出租率和平均房价,实现客房的价值,增加酒店的经济效益。

前厅销售客房的工作主要由客房销售、接待客人、办理入住登记、排房、确定房价五个方面组成。

2. 提供各类综合服务

前厅部作为对客服务的集中点,除了预订和接待业务、销售客房、协调各部门对客服务外,还包括各种日常服务工作,如在机场、车站接送客人,在大门处迎送客人,提供行李服务,接受酒店问询及投诉,处理邮件及留言,收发客房钥匙(房卡),保管贵重物品,提供商务中心服务,代办旅游服务、机票预订服务等。这些工作内容构成了其直接对客服务的功能,其中有一些服务还担负着为酒店创收的任务。因此,前厅部的管理人员要在积极推销酒店产品的同时抓好自身所提供的各种服务质量,以圆满实现其服务功能。

3. 提供信息服务

除了承担销售客房与提供各类综合服务的任务外,前厅部还应成为提供信息的中心。前厅部员工应随时准备向客人提供其感兴趣的资料,如餐饮活动(举行美食周、厨师长特选等)的信息。前厅部员工还应向客人提供酒店所在地、所在国的有关信息和指南。例如,向客人介绍游览点的特色,购物中心的地点及营业时间,外贸公司及科研机构的地址、联系人、电话号码,本地区及其他城市主要酒店的情况,各类交通工具的抵离时间等。

前厅部员工应始终做好准备,充分掌握和及时更新各种固定与变动信息,使客人处处感到温馨、方便,以亲切的态度给客人提供正确的信息。

4. 联络和协调对客服务

为了使客人满意,前厅部应衔接酒店前、后台之间及管理部门与客人之间的沟通联络工作。该部门应将客源市场预测、客房预订及客人到达情况通知各部门,使各部门有计划地安排好各自的工作,相互协调配合;应将客人的需求及接待要求传递给各有关部门,并检查、监督落实情况;应将客人的投诉、建议与处理意见及时反馈给有关部门,以保证酒店的服务质量。

5. 建立和管理客账

前厅部是酒店业务运行过程中的财务处理中心,主要是要做好客人账单的管理工作,包括建立客人账户、登账和结账等工作。一般来说,前厅部需要为住店客人分别建立账户,根据各营业部门转来的客账资料,及时记录客人在住店期间的各项费用,且进行每日合计并累加,保持账目的准确,确保在客人离店前为其顺畅地办理结账事宜。前厅部准确、清晰地建立和管理客账,可以保持酒店良好的信誉和经营效益。

目前大多数酒店为了方便客人、促进消费,已经向客人提供统一结账服务。客人经过必要的信用证明,查验证件以后,可以在酒店营业场点(商场部除外)签单赊账。前台收款处不断累计客人的消费额,直至客人离店或消费额达到酒店政策所规定的最高欠额时,才要求客人付款。要做好这项工作,必须注意做好建立客人账户、对客消费及时认真地登记和监督检查客人信用状况这三个环节的工作。

6. 建立客史档案

由于前厅部为客人提供入住及离店服务,因此成为酒店对客服务的调度中心及资料档案中心。大部分酒店会为住店一次以上的散客建立客史档案。按客人姓名字母顺序排列的客史档案记录了有关客人的主要资料。这些资料是酒店给客人提供周到、具有针对性服务的依据,同时也是酒店寻找客源、研究市场营销的信息来源,所以必须坚持规范建档和保存制度化两项原则。目前,大多数酒店的计算机管理信息系统均能根据酒店经营需要生成住店客人的住店历史档案。

7. 进行信息管理

前厅部要负责收集、加工、处理和传递有关经营信息,包括酒店经营的外部市场信息和内部管理信息(如住客率、营业收入,客人的投诉、表扬、住店、离店、预订以及在有关部门的消费情况等)。前厅部不仅要收集这类信息,还要对其加工、整理并传递到客房、餐饮等酒店经营部门和管理部门,作为服务、经营管理的依据。

从上面介绍的七项基本任务中可以看出,前厅部是酒店的营业中心、协调中心和信息中心,在酒店经营中起着销售、沟通、控制、协调服务和参与决策的作用。

三、前厅部的业务特点

1. 接触面广,关联部门多

销售酒店产品、提供住宿服务、提高客房出租率及其经济效益是酒店前厅部的中心任务。除此之外,前厅部还为客人提供委托代办等业务。前厅部通过这些业务的运行能接触到各类客人,并且组织、协调酒店的其他部门为客人提供系列服务。

2. 业务范围广,对员工素质要求高

前厅部的工作范围广泛,包括预订服务、接待服务、问讯服务、结账服务、总机服务、礼宾服务、商务代办等事项,这些业务流程烦琐,技术含量较高,所以要求前厅部的一线员工具备

高效、准确、严谨的职业素养和优秀的专业技能。

3. 工作流程烦琐,关系全局利益

前厅部服务质量的高低,直接影响客人对酒店的第一印象。前厅部的业务流程具有标准化、精细化、科学化、技能化的特点,只有经过培训的专业人员才能为客人提供优质的服务。前厅部服务质量的好坏、工作效率的高低,对酒店整体形象的树立至关重要。

项目二 前厅部的组织机构

一、前厅部组织机构的设置原则

1. 设置合理

前厅部组织机构的设置、岗位职责的划分、人员的配备等应结合酒店自身的特点,即酒店的性质、规模、等级、经营管理方式等来确定。例如,规模小的酒店的前台接待员可以同时承担接待和问询两个工作岗位的职责,员工可以身兼数职,前厅部还可以并入房务部,不再单独设置。

前厅部的
组织机构

2. 精简高效

前厅部在设置机构时,应遵循"因事设岗"的组织编制原则,既要防止机构臃肿、人浮于事的现象,又要避免出现职能空缺的问题。同时,还要处理好分工与合作的关系,做到机构设置科学、合理,工作效率高。

3. 分工明确,统一指挥

前厅部各岗位、各员工的职责、权力和任务及上下级隶属关系要明确和具体,保证内部信息沟通渠道畅通,权责分明,既能做到统一指挥,又能充分发挥员工工作的积极性、主动性和创造性,提高工作效率。

4. 便于协作

前厅部组织机构的设置不仅要便于前厅部各岗位、各环节之间的沟通协作,同时还要便于与其他相关部门的业务协调与合作,真正发挥酒店"神经中枢"的作用。

5. 权责明确

责任是权力的基础,权力是责任的保证。前厅部应明确每个岗位的责任,同时赋予员工相应的权力,使员工能够在自己的权责范围内顺利完成任务。权责不清将使工作发生重复或遗漏和推诿扯皮的现象,容易使员工产生挫折感。

二、前厅部组织结构设置

前厅部的组织结构用来厘清各部门中的上下级关系和各项工作间的联系。精心设计的前厅部组织结构,加上明确的目标、策略以及工作班次的安排、岗位职责,会使员工和客人获得较高的满意度。前厅部组织结构的设置大体一致,但是也会因酒店而异,下面以一个大型酒店和一个中型酒店的前厅部为例,其组织结构如图 1-1 和图 1-2 所示。

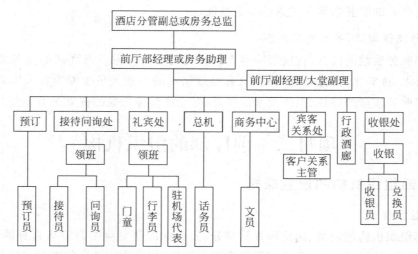

图 1-1　大型酒店的前厅部组织结构

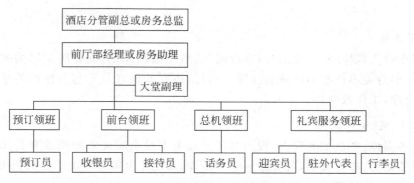

图 1-2　中型酒店的前厅部组织结构

三、前厅部各机构的主要职能

1. 前台

客人抵达酒店后,前台接待员要帮助客人办理入住登记手续(check-in),为未预订的客人介绍酒店房型(walk-in),为已预订的客人办理升格销售(up-selling),帮助团队客人办理入住登记手续(croup check-in),受理入住客人的预付担保手续(pre-authorization),提供外币兑换服务(currency exchange),监督客人的赊账限额(budget check)等。客人离开酒店时,前台接待员要为客人办理结账手续(check-out)。

(1)预订功能(reservation)。前台为上门询价的客人提供预订服务。需要注意的是,由于涉及业务的关联性,目前许多酒店在实际运营中将预订部作为收益管理的一部分,划归市场营销部门。而前厅部仅保留部分散客预订的功能。

(2)接待功能(reception)。前台负责接待抵店入住的客人,包括散客、团体、长住客、非预期抵店及无预订客人;办理客人住店手续,分配房间;与预订处、客房部保持联系,及时掌握客房出租变化,准确显示房态;制作客房销售情况报表,掌握住房客人动态及信息资料等。

（3）收银功能（cashier）。前台负责为住店客人建立客账并进行管理。在客人入住时，前台收取足够的押金，方便客人在店期间签单消费。客人在住期间，前台需要同酒店一切有客人消费的部门的收银员和服务员联系，催收核实账单；前台需要关注客房押金情况，当押金不足时应及时联系客人补交。在客人退房时，前台负责收取费用并开具发票。另外，前台也负责催收公司超过结账日期、长期拖欠的账款，外币兑换，会员卡充值等收银工作，夜间统计当日营业收益，制作报表。

2. 礼宾部

传统的礼宾部员工主要由机场代表、行李员、门童及"金钥匙"组成。

其中，机场代表的主要工作是负责在机场、车站迎送客人（pick-up & send-off）；行李员负责客人的行李运送和寄存（bell service），分送客人的报纸、信件与留言、物品；门童协助管理和指挥门厅入口处的车辆停靠，确保入口处道路畅通和安全，代客召唤出租车；高星级酒店提供"金钥匙"服务，代办客人各项委托事务，为客人提供各种信息。

实际上，在如今的酒店中，只有"金钥匙"这一称号需要资格认证。员工个人的发展和宾客服务的需要，都要求礼宾部的员工能够同时做到以上所有的工作。礼宾部的对客职能有行李服务、问询、代办业务。

（1）行李服务。行李服务主要指行李的运送和储存，尤其是服务团队客人。

（2）问询。礼宾部员工需要了解城市中的商业中心、旅游景点、娱乐场所、功能建筑等，必要时帮客人设计旅游路线。

（3）代办业务。礼宾部员工应该熟悉各种业务的办理手续，了解相关的渠道，能够及时为客人解决麻烦。

一些大型酒店在其前厅部设立车队（transportation service），也由礼宾部调派，主要负责接送 VIP、预订客人或有特殊需求的客人，为客人提供出租车及包车服务，为旅行社提供订车服务等。

3. 客户关系部

客户关系部（guest relation officer，GRO）的职责包括协助处理前台相关事务，确保前台各个区域有足够的服务人员；处理基本的投诉，让客人感到满意；整理、汇总并上传有效的客史信息；接机并带客人进房间办理入住登记手续（in-room check-in）；为抵店的贵宾安排房间，并赠送欢迎礼品，如水果和鲜花（fruits & flowers）；向当天过生日的客人表示祝贺并赠送生日礼物；在大堂与客人沟通，解决问题并创造良好的人际关系来提高客人满意度；最大限度地协调各部门之间的关系及酒店与外部客人的关系。

4. 总机

近年来，许多国际酒店集团对总机（operator/call center）服务的功能进行了延伸和拓展，使电话总机具备了服务信息集散的功能，客人只要在房间按一个电话键就可以提出所有的服务要求，而不必将电话打到不同的服务部门，提高了酒店服务效率，极大地方便了客人，提高了客人的满意度。

（1）电话转接。内外部的电话都会统一集中到总机，由总机进行转接。

（2）业务处理。为住店客人提供叫醒服务（morning call/wake-up call）、请勿打扰

(DND)及客人信息保密(confidential)服务。

（3）信息接收和传达。总机是 24 小时在岗的部门,当其他部门下班后,依然可以收集信息,如帮助预订部确认预订、提供客房送餐点单服务(room service order)。在收集到客人的需求信息后,由总机传达给相关部门,并跟进完成情况。在酒店发生紧急状况时,由总机及时传达给消控中心和管理小组。

5. 商务中心

商务中心(business center)主要为客人提供文字处理、文件整理、装订、复印、打印服务;长途电话、传真机服务;不同类型的会议场所及相应的服务;秘书、同声翻译服务;计算机或笔记本电脑的租用服务。不过,近年来随着互联网技术的发展及客房内网络综合布线技术的应用,很多酒店的商务中心功能出现了弱化的趋势。同时,由于商业机密的原因,很多商务客人不希望酒店员工看到某些重要文件或合同文本,更希望能在客房中处理相关事务,由此,很多国际品牌酒店都非常重视客房内办公条件的配置,如传真机、打印机等的配备,更有酒店专门设置 24 小时自助商务中心供客人自行处理一些商务工作。

6. 行政酒廊

为了迎合商务客人私密空间的需求,当代酒店都设置了行政楼层,与其他客人进行区分。行政酒廊(executive lounge)就是为行政楼层客人提供服务的"店中之店",能够承担其他部门的职能,为客人提供便利的服务:①为行政楼层客人办理入住、退房等手续;②提供早餐、下午茶、咖啡等餐饮服务;③在酒廊的会议室提供会议服务;④为客人办理委托待办的服务;⑤与客人沟通,维护与客人的关系。

项目三　前厅部员工的素质要求

优秀的前厅部员工必须着装整洁、大方,面带微笑,主动热情,讲究礼仪、礼貌,而且头脑反应灵敏,记忆准确,表情自然,留意客人表情,注意客人动作,掌握客人心理。

一、仪容仪表

对前厅部员工仪容仪表的主要要求标准如下。

前厅部的人
员素养(上)

1. 头发

男：发型要求精神、有朝气。头发不得油腻和有头屑,而且不得过长。

女：头发梳洗整齐,不能有小碎发。长发要捆绑好,不得戴太夸张的发饰,只宜戴轻巧大方的发饰。头发不得掩盖眼部或脸部。

2. 脸部

男：面部精神,不得蓄须,脸部要清爽宜人,口气清新。

女：妆容精致,不得抹太多胭脂水粉,只宜稍作修饰,淡扫娥眉,轻涂口红,轻抹胭脂。

前厅部的人
员素养(下)

3. 手部

男：不得留长指甲,指甲要清洁,指甲内不得藏污垢。

女：不得留太长指甲,不宜涂鲜红指甲油,指甲油只可用裸色的。

4. 脚部

男：鞋袜要清洁,每天上班前鞋子要擦亮,穿黑色或深色袜子。

女：鞋袜要清洁,不得穿有色的袜子,要穿酒店规定的袜色,每天上班前鞋子要擦亮。

5. 气味

男：保持身体气味清新,不得有异味。

女：不得用强烈香料(香水)。

二、行为举止

优秀的前厅部员工,应该做到站立标准、行为规范、举止大方,具体规定如下。

(1) 工作时要常带自然的笑容,和蔼可亲,使客人觉得容易接近。

(2) 不得频繁做小动作,应成熟、稳重,打哈欠要掩着口部,不要做出搔痒、挖鼻、掏耳、剔牙等不雅的动作。

(3) 工作时不得咀嚼口香糖、吸烟或吃东西。

(4) 不得嫌客人啰唆,应耐心为客人服务。

(5) 在处理前台文件工作时,要不时留意周围环境,以免客人站在柜台等候而浑然不知。

(6) 当客人来到前厅时,前厅部员工应马上放下正在处理的文件,礼貌地问好,称职地为客人服务。

(7) 留心倾听客人的问题,不能随意中断客人的叙述,应等客人讲述完毕后再清楚地解答,以免答非所问。如遇到不确定的问题,应该说:"请稍等,待我查询后回答您的问题。"

(8) 如遇到客人对某事物不甚了解或不能随俗之处,不得取笑客人。

(9) 工作效率要高。

(10) 不得表现出懒散情绪,站姿要端正,不得摇摆身体,不得倚靠墙、柜而立或蹲在地上,不可歪身或扮鬼脸、做怪动作。

(11) 除了工作上应交代的事,不得互相攀谈私事,不得争论,不得粗言秽语。

(12) 不得擅自用柜台电话作私人之用,如遇急事可请求上司用后台电话。

(13) 用词适当,不可得罪客人,但也无须阿谀奉承,声音要温和,不可过大或过小,要清楚表达意思。

(14) 不得在工作时阅读报纸、书籍。

(15) 走路时不可奔跑,脚步应轻快无声。

(16) 尽量牢记客人的姓氏,在见面时能称呼客人。

(17) 若客人的问询在自己职权或能力范围以外,应主动替客人联系有关部门,不得随便以"不知道"回答,甚至置之不理。

三、礼貌修养

礼貌修养是以人的德才学识为基础的,是内在美的自然流露。前厅部员工应有的礼貌修养具体表现在以下三个方面。

(1) 言谈举止应做到用语规范、语调柔和、语气亲切、表达得体、文明优雅;站立挺直自然，不倚不靠，行走轻快，不奔跑；手势正确，动作优美、自然、符合规范。

（2）工作作风应做到端庄、朴实、谦逊、谨慎、勤奋、好客。

（3）服务态度应做到一视同仁，不卑不亢，待人热情，分寸适度，表情自然诚恳，精力旺盛，微笑服务。容貌端庄，服装整洁，举止大方有礼的前厅部员工给人以热情好客、训练有素、可以信赖的感觉。良好的仪容仪表代表了前厅部员工对企业和工作的热爱、对客人的尊重，反映了酒店高标准的服务水平和精益求精的企业精神。

四、性格

性格是个人对现实的稳定的态度和习惯化的行为方式。前厅部员工普遍具有外向的性格，因为他们处于酒店接待客人的最前线，需要每天与各种客人打交道，提供面对面的服务，外向性格的人感情外露、热情开朗、笑口常开、善于交际。

作为一名前厅部员工，除了要有开朗的性格，乐意为客人服务的意识外，更重要的是要有耐心、容忍和合作精神，善于自我调节情绪，始终如一的温和、礼貌、不发火，并具有幽默感，善于为别人提供台阶，能化解尴尬的场面，使自己在对客服务中保持心态平和，并提高服务过程中的随机应变能力。

五、诚实度

前厅部员工必须具有良好的品德，正派、诚实、责任心强。前厅部的工作会涉及价格、出纳、外币兑换、酒店营业机密以及客人隐私、商业秘密等，每天都要同国内外各种客人打交道，所以前厅部员工作风正派、诚实可靠、行为良好、不谋私利是很重要的。每一位员工都应具有良好的职业道德和高度的责任感，用真诚的态度、良好的纪律为客人提供优质的服务。

六、语言交际能力

语言，特别是服务用语，是为客人提供优质服务的前提条件。前厅部员工通过运用优美的语言、令人愉快的声调、恰当的内容和灵活的语言技巧，会使服务过程显得有生机。前厅部员工要能使用迎宾敬语、称呼敬语、电话敬语、服务敬语和道别敬语等规范化语言。前厅部员工必须"能说会道"，有过硬的语言能力，能经常与客人进行沟通，减少问题的发生，提高客人的满意度。"能说"是指能用客人使用的语言与客人交流。由于酒店的客人来自世界各地，因此，除了普通话外，还要提高外语水平，与客人直接交流，否则会影响接待工作和服务质量。"会道"是指讲究语言的艺术性。前厅部员工与客人进行语言交流的机会很多，如果不掌握语言艺术，会在不知不觉中得罪客人，甚至刺伤客人。前厅部员工要善于用简单明了的语言来表达服务用意，进行主客之间的人际沟通。

七、业务操作技能

前厅部员工必须熟练掌握业务知识，并对酒店整体情况有清楚的了解，能够快速、准确地按操作程序完成本职工作。工作的快速敏捷、准确无误也标志着酒店有较高的管理水平。任何业务操作失误，不仅会给酒店造成经济损失，还会破坏客人对酒店的总体印象。前厅部员工要在快速敏捷、准确无误的工作过程中，不断提高自己的各方面工作能力，如应变能力、人际关系能力、推销酒店产品的能力、熟记客人及其信息的能力等。

八、应变能力

应变能力是前厅部员工所应该具备的服务技能与素质。由于酒店的客人来自世界各地,具有不同的生活习惯、知识或修养,前厅部员工只有具备良好的应变能力,才能妥善处理在接待客人时遇到的特殊问题。在任何情况下,前厅部员工都应沉着冷静,采用灵活多变的方法,处理好每件事情。

九、知识面

前厅部员工在业务中经常会碰到客人各种各样的提问。这些问题可能涉及政治、经济、旅游、风俗、文化以及酒店有关情况,前厅部员工只有具备较宽的知识面和丰富的专业知识,才能为客人提供翔实的信息。前厅部员工应该具有勤奋好学的精神,掌握多方面的知识,以便与客人交流沟通,提供优质服务。与酒店其他部门相比,对前厅部员工知识面的要求也是最高的。

十、合作精神

前厅部的每一位员工都应该意识到前厅就是酒店的一个“舞台”,每个人都在扮演一个特定的角色,要想给客人留下好的印象,就需要员工的集体合作。当接待员忙于接待或因特殊情况离开工作岗位时,其他员工必须能够替代其工作,并使客人满意。员工绝不能将个人恩怨带到工作中来,否则会破坏整个酒店的形象。

此外,前厅部员工还应具备认真负责的工作态度,良好的心理素质,过硬的推销能力,熟练的技能技巧及较强的记忆能力、计算能力、观察判断能力、沟通协调能力、人际关系能力等。

十一、人际关系

酒店属于服务业,离不开与人打交道,尤其是作为前厅部员工,几乎每日每时都要与各种各样的来自不同国家或地区、不同文化背景、不同生活习惯的客人打交道。因此,前厅部员工需要有较强的处理人际关系的能力,必须喜欢并善于与人相处。同时,前厅部员工还要处理好与同事、上下级之间的关系,互相理解、互相合作,以便顺利地完成工作。

十二、情绪控制

前厅部员工所接触客人的多样性导致了其服务的复杂性。前厅部员工为了做好工作,必须有涵养、有耐心,善于控制自己的情绪,不卑不亢,不能被客人的情绪所左右,任何时候都不应与客人争辩。

十三、认真的态度

前厅部员工必须具有高度的责任感、强烈的事业心和一丝不苟的工作态度,前厅部工作任务重、业务复杂、脑力劳动强度大,必须有认真的工作态度,才能把工作做好。

【思政园地：课堂小组讨论】

1．前厅工作中团队合作精神的重要性体现在哪些方面？请举例说明。

2．请同学们讨论在酒店服务工作过程中诚实度对自己工作的影响。

小　结

本模块重点介绍了前厅部的基础知识。通过学习，学生应了解前厅部在酒店中的地位、作用及基本任务，明确前厅部组织机构设置原则和各部门的岗位职责，掌握前厅部员工的素质要求。学习本模块有助于学生更准确地了解前厅部工作的重要性，为进入酒店后能快速胜任前厅部各种岗位的工作打下良好的基础。

课 外 思 考

1．前厅部的地位、作用体现在哪些方面？

2．前厅部的主要任务有哪些？

3．酒店前厅大堂主要分成哪些区域？

4．为本地区某大型或中型酒店绘制前厅部的组织结构图。

5．前厅部服务人员有哪些素质与能力要求？试着对照说明本人是否满足前厅部的要求？应在哪些方面改进？

课 后 作 业

一、单项选择题

1．前厅部的任务是(　　)。

　　A．清洁客房　　　　B．提供餐饮服务　　C．销售客房　　　　D．提供洗衣服务

2．不属于前厅部的岗位是(　　)。

　　A．PA　　　　　　　B．总机　　　　　　C．商务中心　　　　D．大堂问询处

3．在酒店服务中，使用(　　)是对服务员的基本要求。

　　A．语言交际　　　　B．礼貌用语　　　　C．感情　　　　　　D．情绪

4．"前厅部"这一术语，在英语中被称为(　　)。

　　A．lobby　　　　　　B．front desk　　　　C．front office　　　D．reception

二、问答题

1．酒店前厅部组织机构的设置应符合哪些原则？

2．按照一定的规范要求，整理前厅部一个岗位的"岗位职责描述"。

预 订 服 务

学习目标

知识目标：了解客房预订的含义和任务、方式和种类；熟悉客房预订的程序与要求。

能力目标：能够正确完成客房预订；掌握超额订房管理及订房纠纷处理的方法和技巧。

课程思政：在预订中注意礼节礼貌；在工作中培养爱岗敬业精神、认真负责的工作态度。

项目一　预订基础知识

一、导入

在一次电话预订中，前厅部预订员赵明（化名），由于没有进行第二次确认，把客人抵店日期3月4日误认为3月10日，导致客人投诉。

当时临近下班时间，赵明正在整理材料填写交接本，突然电话铃声响起，他匆匆接起电话，迅速做了预订，心里想着下班之后和朋友去逛街的事，却忘了与客人进行复述确认。

当客人3月4日到达酒店的时候，恰巧是赵明值班，他礼貌地告诉客人预订的房间是3月10日入住。客人一听就火了："我明明预订的是3月4日，怎么变成3月10日了呢？你们也太不负责任了，怎么搞的？"正在这时，大堂副理闻讯了解情况后先向客人致歉，然后立即与客房部联系，安排该客人入住酒店房间。赵明也受到了严厉的批评，并扣除当月的相应奖金。

【问题思考】

（1）赵明在接到这个预订时应该怎样做？

（2）预订过程中存在的主要问题是什么？

【案例分析】

"细节决定成败"，酒店工作要注重细节，严格按照标准进行程序化的操作，每一个环节都不能存在纰漏，否则就可能出错。本案例就是因为缺少复述再确认的环节而导致产生了原本可以避免的失误。

要做到紧张有序，工作再忙，事情再多，也不能自乱方寸。要时刻保持头脑清醒，心态一定要好，精力要集中，不分神，赵明若不是想着下班后去逛街的事，也许就不会出错了。

要端正态度，工作要认真负责，坚持到最后一分钟，坚持到服务好最后一位客人。不能因为快下班了就草草了事，我们宁愿自己多付出一点，也不能怠慢客人。这就是敬业精神。

（案例来源：卢娟，马清伟. 前厅与客房服务实训[M]. 北京：化学工业出版社，2010.）

二、预订的准备工作

在预订前做好准备工作，才能给订房客人迅速而准确的答复，提高预订工作的水平和效率。

1. 检查仪表仪容

按酒店规定着装，服装熨烫平整、洁净无污渍，纽扣齐全，鞋袜洁净。左胸端正佩戴服务牌，面容清洁，发型美观大方。不戴戒指、项链、手镯、耳环等饰物（结婚戒指除外）。身上及口腔无异味，手部清洁，不留长指甲，不涂有色指甲油。亲切地微笑，表情自然，举止得体、优雅。

前厅部员工一般穿黑色皮鞋，男员工的袜子一般为黑色，女员工的袜子应与肤色相近，袜口不外露；上岗前不吃葱、蒜、韭菜等有异味的食品。

2. 预订信息资料准备

（1）接班时查看上一个班次的预订情况，掌握需要处理的、优先等待的、列为后备的、未收定金的等不准确的预订名单及其他事宜。

（2）按岗位工作任务及班次的区分，将所需要的各种报表、表格、收据等分门别类，整齐有序地摆放在规定的位置。

3. 熟悉房间类型与房态

可供预订参考的房型描述主要有单人间（single room）、大床间（double room）、双床间（twin room）、普通房（junior room，standard room）、高级房（superior room）、豪华房（deluxe room）、普通套房（junior suite）、豪华套房（deluxe suite）、总统套房（presidential suite）、公寓（apartment）、别墅（villa）、行政房（executive room）、连通房（connecting room）、相邻房（adjoining room）、角落房（corner room）、无烟房（no-smoking room）。

可供预订参考的房态描述主要有住客房（occupied room）、预留房（expected room）、可售房（available room）。

4. 掌握房价

常见的价格政策包括：门市价（rack rate），通常理解为挂牌价格；折扣价（discount rate），通常是在挂牌价的基础上进行打折后的价格；商务合同价（commercial rate），酒店的销售部代表与酒店客户以合同的形式所规定的价格；团队价（group rate），酒店的销售部代表与酒店客户以合同的形式所规定的团队价格；小包价（package rate），客人所需支付的房价中包含了除房租之外的其他产品的价格；旺季价（peak/busy season rate），在某个区域的酒店行业供不应求的阶段酒店所制定的房间价格；淡季价（low/off season rate），在某个区域的酒店行业严重供大于求的阶段酒店所制定的房间价格；免费房（complimentary room），酒店由于某些特别原因而为客人提供免费入住的价格政策；长包房房价（long staying guest rate），酒店为某位长期租住酒店客房的客人所提供的特别房租；白天房价

(day rate),客人白天租用房间,酒店一般按半天房费收取,有些酒店也按小时收取;一般对凌晨抵店的客人、结账超过了规定的时间、入住与离店发生在同一天时酒店会采用白天房价;家庭租用价(family plan rate);加床费(rate for extra bed)等。

三、预订的相关知识

1. 客房预订的定义

客房预订(reservation)是指在客人抵店前对酒店客房的预先约订。对于客人来说,通过预订可以保证客人的住房需要,尤其是在酒店供不应求的旅游旺季;而对于酒店来说,便于其提前做好各种准备工作,提高客房利用率。

客房预订是一项较为复杂和细致的工作,除认真执行服务工作标准外,预订员应掌握各种预订方式和种类,使预订工作得心应手。

2. 客房预订的目的

(1)尽量满足预订客人的订房要求。客人往往通过电话、传真、书信、微信和网络等方式与酒店联系预订客房,在得到酒店确认后,酒店与客人之间便确立了一种具有法律效力的合同关系。酒店有义务以预先确定的价格为客人提供他所希望的而且已经得到酒店确认的客房。

(2)保证酒店达到最理想的客房出租率。客房出租率是实际出租的客房数与酒店可供租用的房间数的百分比。客房出租率表明酒店客房的利用状况,是反映酒店经营管理水平和经济效益的一个重要指标。酒店前厅部必须与销售部门密切配合,根据酒店可供租用的房间数量合理控制客房近期、中期及远期预订的数量及其比例,使酒店客房达到最佳出租率,避免超额预订或者缺额预订现象过多地出现,从而使酒店利润达到最大化。

3. 客房预订的作用

对于客人来说,一方面,通过预订可以保证客人的住房需要,特别是在客房供不应求的旅游旺季;另一方面,预订能够形成稳定的目标市场客户群体,提高客人的满意度。

对于酒店来说,预订也是销售酒店客房的好机会,预订员不仅仅是被动地接受预订,而且要在做好预订工作的同时,继续推广酒店的客房和产品,扩大市场,提高客人的回头率,增加酒店的营业收入,从而有利于企业经营目标的实现。

4. 预订的方式

预订处接到客人预订的方式主要有以下几种。

(1)电话预订。客人或其委托人使用电话(telephone)预订不但迅速简便,而且预订员与客人之间能进行直接沟通,具体了解客人对客房的种类、数量、房价、付款方式、抵离店时间、特殊需求等要求,有利于适时进行促销。在处理电话预订时,应注意绝对不能让对方久等,如不能立即答复,应请对方留下电话号码,确定再次通话的时间,并注意在通话时语言表达的规范、精练和礼貌。预订员必须及时做好完整的记录,在通话结束前,应重复客人的预订要求,当即核对,避免发生差错。婉拒客人订房时,应征询客人是否可以列入等候名单。确认客人订房后,可以通过短信或电子邮件的方式,向客人发送订房确认信息。

(2)邮件订房。邮件订房是客人发送电子邮件与酒店进行沟通,预订客房。电子邮件的形式常见于会展预订、团队预订,在西方国家,私人出游也会选择这种预订方式。邮件订房的优点是:信息可靠,客人可以写明特殊要求;作为书面的预订协议,在法律上形成契约关系,对酒店和客人均起到约束作用。

（3）传真预订。传真(fax)是一种现代通信技术,其特点是:操作方便,传递迅速,即发即收,内容详尽,并可以传递发送者的真迹,加签名、印鉴等,还可以传递图表。回复传真语言要简明扼要,准确规范。做好订房资料的保留存档,以备日后查对。对于酒店而言,给客人回复的传真内容还可以作为客人预订的书面凭证,从而避免一些不必要的预订纠纷;在处理客人的传真预订时应注意做到尽快回复,许多高档酒店规定收到客人的预订传真应在12小时内尽快回复,给客人留下良好的印象,回复传真的及时性在酒店经营旺季时显得尤为重要,因为客人可能不止给一家酒店发预订传真,收到酒店的回复会有助于客人做出选择该酒店的决策。目前,酒店第三方在线旅游服务代理商(online travel agency,OTA)常用这种方式与酒店确认订房信息。

（4）网络预订。目前世界上最先进的订房方式就是使用国际互联网来预订,它非常方便客人订房,同时这种方式还能够极大地提高预订工作效率。随着互联网的使用者越来越多,许多客人开始采用这种方便、快捷、先进、廉价的方式进行客房预订。

网络(internet)预订有三种方式:OTA预订、中央预订系统、酒店自有预订网络。

① OTA预订:酒店跟大的OTA合作可以为酒店带来大量的客源。酒店应充分利用OTA这一资源来发布酒店名称和价格并且进行销售,同时发布酒店其他相关的信息、促销优惠推广方案与客户进行交流互动、调整产品以便匹配客户的需求等。

② 中央预订系统:随着现代电子信息技术的迅猛发展,通过国际互联网向酒店预订的方式正迅速兴起,它已成为酒店业新发展趋势的重要组成部分。随着我国酒店业连锁化、集团化进程的加快,不少酒店纷纷加入了国际或国内酒店集团的连锁经营。大型的酒店连锁集团公司都拥有中央预订系统,即CRS(central reservation system)。

③ 酒店自有预订网络:通过酒店自设的网站直接向酒店预订客房。一些大型酒店已自设网站,实行全方位的在线预订。

（5）面谈订房。面谈订房也叫上门预订(walk-in),是客户亲自到酒店与订房员面对面地洽谈订房事宜。这种订房方式能使订房员有机会详尽地了解客人的需求,并当面解答客人提出的问题,有利于推销酒店产品。面谈订房时,订房员要把握客户心理,运用销售技巧,灵活地推销客房和酒店其他产品。必要时,可向客人展示各种房间类型和酒店其他设施与服务,以供客人选择,在酒店中通常被称为show room。

（6）合同订房。合同订房是指酒店与旅行社、中间商或其他企业签订商务合同,未来一段时间内,以合同中规定的房价、房间数量等为客户提供客房,这种订房方式效果非常好,具有较强的法律效力。

项目二　预订的类别及流程

一、导入

王女士因到杭州出差,打电话到假日酒店订了一间单人间,入住时间为2021年8月10日。但是因出差任务增加,公司又临时增派了一名女士随行。因此王女士打电话到假日酒店要求将单人间更改为双人间。

【问题思考】

（1）接到客人打来的预订变更电话后,预订员应该怎样做?

（2）如果客人更改预订是否可以立刻接受？

【案例分析】

询问要求变更的客人的姓名、原计划抵店日期和预订房型，从预订资料中取出预订单，询问客人需要更改的预订内容。

预订员首先应该查看计算机，看是否能够满足客人的变更要求。如能够满足，则予以确认，同时填写"预订更改表"，修订有关的预订记录。

如不能满足客人的变更要求，预订员应根据具体情况与客人协商解决。

二、客房预订的类别

客房预订按不同的划分标准可以划分出不同的种类。

1. 按照人数构成划分

（1）散客（FIT，自由零散旅游者），这是相对于团队而言的客源类型。酒店服务质量主要体现在接待散客方面。值得注意的是，散客并不是单纯数字意义上的一个人。

（2）团体客人（group），是和散客相对应的概念，人数一般相对较多。很多酒店都努力经营团体客人的生意，这对酒店增收有很大帮助。

2. 按照预订的效力程度划分

（1）非保证类预订（non-guaranteed reservation），具体包括以下三类。

① 临时性预订。临时性预订（advance reservation）是预订种类中最简单的一种类型，是指客人在即将抵达酒店前很短的时间内，或在当天才联系预订。由于时间紧迫，酒店也无法要求客人预付定金，也没有时间进行书面确认，但可以口头确认。

按照国际惯例，酒店对预先订房的客人，会为其保留房间直至预订日当天下午六时为止，这个时限被称为"留房截止时限（cut-off time）"。如果客人在下午六时以后还未来店，就算自动放弃订房；如果客人要求晚些时间抵店，则必须事先通知酒店，要求酒店同意其延迟抵达。由于临时性预订已十分接近客人入住日期，故酒店一般不要求其交纳预订金。

② 确认性预订。确认性预订（confirmed reservation）是指同意预订并保留所订的客房到双方事先约定的某一个时间。这是一种比较重信誉的预订方式。如果客人错过了商定的截止日期（cut-off time）而未到店，也未提前通知酒店，在用房高峰阶段，酒店可将房间另租用给其他客人。

确认预订的方式有口头确认和书面确认。确认类预订一般不要求客人预付预订金。酒店在限定时间之前，为客人保留客房。如果客人过时不来店，也没有提前与酒店联系，酒店有权将客房出租给其他客人。

③ 等候类预订。等候类预订（on-wait reservation）是指酒店在客房订满的情况下，因考虑到预订存在一定的"水分"，如取消、更改等，在其他客人取消预订或提前离店等情况下，对采用等候类预订的客人可予以优先安排。

在处理等候类预订时应征求客人的意见，是否将其列入等候名单，并向客人说清楚，以免日后发生纠纷。对这类订房的客人，酒店不发确认书，只是通知客人。对未接到酒店通知就来店的客人，酒店可介绍其到附近的其他酒店去住宿，但不必为其支付房费、交通费和其他费用。

(2)保证类预订(guaranteed reservation)。保证类预订是指客人通过预付预订金来保证自己的预订要求,否则将承担经济责任,因而酒店在任何情况下都应保证已落实的预订。比如在旅游旺季,酒店为了避免因预订客人擅自不来或临时取消预订而造成损失,要求客人预付预订金(deposit)加以保证,同时酒店会保证为这类客人提供所需的客房。保证类预订以客人预付预订金的形式来保护酒店和客人双方的利益,约束双方的行为,因而对双方都是有利的。

保证类预订通常以三种方式具体实施:第一种方式是预付款担保,即客人或代理人(机构)在住客抵店入住前须先行预付预订金或预订间(天)数的全额预付款(根据酒店的具体情况,可以通过转账、刷卡或现金的方式交纳)。酒店的责任是预先向客人说明取消预订、退还预付款的政策及规定,并保证按客人要求预留相应的客房。第二种方式是使用信用卡担保,指客人将所持信用卡种类、号码、有效期及持卡人姓名等信息以书面形式通知酒店,达到保证性预订的目的。第三种方式是合同担保,指酒店与有关公司、旅行社等就客房预订事宜签署合同,以此确定双利益和责任。当公司的客户要求住宿时,公司就与酒店联系,于是酒店就为其安排客房,即使客人未入住,公司也保证支付房租,同时,房间也被保留一个晚上。

预订金是酒店为了避免损失而要求客人预付的房费(一般为一天的房费,特殊情况除外)。对如期到达的客人,在其离店结账时予以扣除;对失约客人则不予退还,酒店为其保留客房直到第二天中午12时止。对保证类预订的客人,在规定期限内抵达而酒店无法提供房间时,则酒店负全部责任。

三、预订的流程

客房预订是一项专业技术性较强的工作,为了确保客房预订工作高效、有序地运行,前厅部必须建立完整而详细的工作程序。

客房预订的基本工作流程如图 2-1 所示。

散客预订
流程

图 2-1　客房预订的基本工作流程

下面以任务形式分别介绍电话预订的受理、网络预订的受理、传真预订的受理。

1. 预订的销售技巧

预订的销售技巧如表 2-1 所示。

表 2-1　预订的销售技巧

销售技巧	如何执行	何时执行
启发性销售(suggestive selling)	启发性销售是指在销售中通过给客人一些选择性建议让客人对某一种产品或服务产生浓厚的兴趣或渴望。为了创造这种渴望的感觉,预订员需要做的是: (1)向客人提供和描述二选一的产品或服务; (2)突出产品或服务的特别之处、带来的实在好处以及价值	这是一种最常见的销售技巧,预订员的职责是准确地为客人提供符合他们需求的产品或服务,并通过描述有过特别好住宿经历的客人入住体验来打破该客人对于购买这项产品或服务的最后心理防线,从而为酒店带来收益

销售技巧	如 何 执 行	何 时 执 行
升级销售（up selling）	升级销售是指从最低价产品开始销售，紧接着上一个层次再上一个层次直到客人做出选择为止，在这个过程当中预订员要事先发现客人的潜在需求，找到符合客人需求的产品加以销售	该销售技巧用于当一名潜在客人选择了一个不太适合他的产品但是他又不知道自己该如何选择时，预订员要发现他的核心需求，安排最适合他的产品，即"Put the Right guest in the Right room"
降级销售（down selling）	降级销售操作上与升级销售相反。预订员从价格最高的产品或服务开始，然后是价格稍低的产品或服务，以此类推，直到客人选择出适合他们的产品或服务	该销售技巧同样适用于当潜在客人不太清楚自己想要什么的情况，但是从客人的表述中我们发现了一条重要线索，他们很在意产品或服务是否物有所值（钱和质量），如他们会说"除了这种，你们还有什么"，此种反应告诉我们两种可能，他想要一个更高价位的产品或者更低价位的产品
交叉销售（cross selling）	交叉销售也被称为"附加产品销售策略"，是指鼓励客人购买某一项产品或服务的附加产品，从而为此产品带来吸引力。附加产品仅仅是购买主产品或服务的一个附加品，比如房费包含早餐	客人做预订时，预订员常常会说"还有其他需要为您效劳的吗"，或者预订员将客人可能感兴趣的某些信息告诉他们。例如，预订员可能会问客人他们是否需要一个包含早餐和停车费的包价产品，或者预订员可以帮助他们在餐厅预订座位等

2. 受理电话预订

决定是否受理一项订房要求，需要考虑四个方面的因素：①预期抵店日期；②所需客房类型；③所需客房数量；④逗留天数。

事前提示：在接受电话预订时，应该边接听电话，边做记录，并在通话结束时向客人核对主要订房内容，以免出现差错。

1）接听电话

（1）预订人员需在铃响 3 声以内拿起电话（超时需要致歉）。

（2）另一只手拿起笔，在预订单上记录（或者直接录入计算机）（图 2-2）。

2）问候通报

（1）问候客人"您好"或"早上/下午/晚上好"（双语）。

（2）通报并询问"××酒店预订部，有什么可以帮到您"。

3）聆听需求

（1）问清客人姓名（中英文及拼写）、电话号码、预订日期、预住几晚、人数、预订房间数、房型及有无特殊要求，边听边在预订单或计算机系统中做相关记录。

（2）查看计算机及客房预订控制总表。

□新预订New Booking　　□确认Confirmation　　□变更Amendment　　□取消Cancellation

To.致_____　　From: RESV	Confirmation No.预订确认号：_____
Company公司：_____	Guest Name宾客姓名：_____
Telephone Number电话号码：_____	Fax/Telex Number传真号码：_____
Arrival Date入住日期：_____	FLT／Time 抵达航班／抵达时间：
Room Type房间类型：_____	No.of Room房间数量：_____
Departure Date离店日期：_____	FLT/Time离开航班／离店时间：_____
Pax 人数：_____	Room Rate房价（是否含早餐）：_____
Reward Member No.会员号码:_____	RM Level 会员等级：_____
Limousine Charge接机费用：_____	Special Request特别要求：_____
Payment 付款方式	□All charges on Guest's own account客人自付 □All charges on Company's own account公司支付所有费用 □Roomratecharge on Company's account, incidentals chargeson Guest's account房费转公司，其他费用客人自付
备注	All Reservation will be held till 6:00PM and subject to automatic release unless guaranteed by guest's credit card, or Company (with hotel credit facilities) agreeto pay one night room charge in the event the indicated person fails to check in on the arrival date. (√): means confirmed item. 所有预订酒店只保留到当晚6点,6点后预订将自动取消。除非您用信用卡担保或者您的公司愿意书面担保承担您所预订房间的费用(限与酒店有信贷关系的公司)。(√): 表示已确认的项目。
Credit Type信用卡类型：_____　Card No.卡号：_____	
Expiry Date有效期：_____　Card Holder持卡人：_____	
Taken By预订人：_____　Date Taken预订日期：_____ Input By输入系统人：_____	

图 2-2　客房预订单

4）介绍房型与价格

（1）介绍房型与价格（口头上可向客人介绍 2～3 种房间类型及特点、价格），尽量从高价向低价进行介绍。

（2）询问客人是否属于协议公司订房，如果是,需询问公司（单位）名称。

（3）查询计算机,确认是否属于合同单位,以便确定优惠价。

5）询问付款方式

（1）询问客人付款方式,在预订单上注明。

（2）公司（单位）或旅行社承担费用者,要求在客人抵达前传真书面信函,做付款担保。

6）询问抵达情况

（1）询问客人抵达航班（车/船）班次及时间。

（2）向客人说明预订房保留时间,或建议客人做担保预订。

7）复述核对预订内容

将客人的订房内容向客人复述一遍,核对确认预订内容无误。

8）询问客人的特殊要求

（1）询问客人有无特殊要求（如接机服务,说明收费标准）。

（2）对有特殊要求者,详细记录并复述。

预订服务
操作系统

9）致谢、告别

向客人致谢,并告知酒店将会立即为之订房（发送邮件或确认短信）,礼貌告别。

3. 受理网络预订

目前,世界上最先进的订房方式就是使用国际互联网,它非常方便客人订房,同时这种方式还能够极大地提高预订工作效率。随着互联网的使用者越来越多,许多客人开始采用这种方便、快捷、先进、廉价的方式进行客房预订。

（1）获悉信息。当客人进入酒店预订中心网络系统,注意搜寻跟踪相关信息;预订中心通过计算机获悉各酒店的客房出租情况,注意信息的准确、迅速。

（2）确认判断。确认客人的预订请求;计算机随即将预订要求（客人预计抵店日期）与可售房的情况进行对照,并做出是否受理的判断。

（3）发送确认信息（短信或电子邮件）。

4. 受理传真预订

事前提示:进行传真预订时应该做到及时向客人复信,复信越早越能赢得客人的好感,使客人在抵店前就形成对酒店服务的认可,便于酒店今后服务的顺利进行。多数酒店规定在 12 小时内一定要给予客人复信,并使用时间戳。复信时应该让客人感到信件是专门为他所写,应特别注意信头的称谓得当,并保证书写正确。对客人来信中提出的要求,一定要给予具体的答复,即使不能满足的要求也一定要婉转地表示歉意,谦恭有礼。

（1）收办电传/传真:①在电传/传真收发簿上登记;②将收到的备份电传复印件留底,并进行分类。

（2）核查判断:①确定当日订房状况;②确定是否受理预订。

（3）系统中完成预订。

（4）回发电传/传真。按机器操作程序发送电传/传真。

（5）存档记录。将所有的资料输入计算机,记录预订编号,以备查询。

5. 核对预订

有些客人提前很长时间就预订了客房,在入住前,有的客人可能会因种种原因而取消预订或更改预订。为了提高预订的准确性和酒店的出租率,并做好接待准备,在客人到店前（尤其是在旅游旺季）,预订人员要通过电子邮件或电话等方式与客人进行多次核对（reconfirm,再确认）,问清客人是否能够如期抵店,住宿人数、时间和要求等是否有变化。

核对工作通常可进行三次,第一次是在客人预订抵店前一个月进行核对,具体操作是由预订部文员每天核对下月同一天到店的客人或订房人;第二次是在客人抵店前一周进行核对;第三次则是在客人抵店前一天进行核对。在核对预订时,如果发现客人有取消或更改订房,则要及时修改预订记录,并迅速做好取消或更改预订后闲置客房的补充预订。如果变更或取消预订是在客人预计抵店前一天进行的,补充预订已来不及,则要迅速将更改情况通知前台接待处,以便及时出租给其他未预订而来店的"散客"（walk-in guest）。

以上是针对散客预订而言的,与散客订房不同,团体订房一般由酒店销售部受理,预订处负责后续相关工作,对于大型团体客人而言,核对工作还要更加细致,次数更多,以免因团队临时取消或更改订房后造成大量客房闲置,使酒店蒙受重大经济损失。

四、预订变更的相关知识

1. 预订变更

预订内容的变更(amendment)是指客人在抵达之前临时改变预计的日期、人数、要求、期限、姓名和交通工具等;也指由于各种缘故,客人可能在预订抵店之前取消订房(cancellation)。接受订房的取消时,不能在电话里表露出不愉快,而应使客人明白,他日后仍可光临本酒店,并受到欢迎。正确处理订房的取消,对于酒店巩固自己的客源市场具有重要意义。当接到客人要求变更客房预订的通知时,前厅部预订员必须尽快做出处理。

2. 接受变更预订的准备

在接受预订变更时,预订员首先应该查看计算机,看是否能够满足客人的变更要求。如能够满足,则予以确认,同时填写"预订更改表",修订有关的预订记录,并将这一新信息通知已经通知过的有关部门;如不能满足客人的变更要求,预订员应根据具体情况与客人协商解决。

更改和取消预订

五、业务实训

1. 更改预订

1)接收更改信息

(1)询问要求,更改预订客人的姓名及原计划到达日期和离店日期。

(2)询问客人需要更改的日期。

2)确认更改预订

(1)在确认新的日期之前,先要查询客房出租情况。

(2)在有空房的情况下,确认客人的预订类型(保证或非保证预订),可以为客人确认更改预订,并填写预订单,记录更改预订的代理人姓名及联系电话。

3)将更改单存档

(1)找出原始预订单,将更改的预订单放置在上面,然后订在一起。

(2)按日期、客人姓名存档。

4)处理未确认预订

(1)如果客人需要更改日期,而酒店客房已订满,应及时向客人解释。

(2)告知客人预订暂放在等候名单里,如果酒店有空房时,及时与客人联系。

5)完成更改预订

感谢客人及时通知,感谢客人的理解与支持。

2. 取消预订

事前提示:客人取消预订(cancellation)后,预订员应该对其预订资料进行有效处理。在预订单上盖上取消预订的印章,并在备注栏内注明取消日期、原因、人数等,然后存档;如果客人的预订信息已经通知到相关部门,则应将客人现在取消预订的这一新信息再次通知相关部门。

(1) 接收取消预订信息。询问要求取消预订的客人的姓名、到达日期和离店日期。

(2) 确认取消预订。记录取消预订代理人的姓名及联系电话,提供取消预订号。

(3) 处理取消预订。

① 感谢预订人将取消要求及时通知酒店,询问客人是否要做下一个阶段的预订。

② 将取消预订的信息输入计算机。

(4) 完成更改预订。

① 查询原始预订单,将取消预订单放置在原始预订单上面订在一起。

② 按日期将取消单放置在档案夹最后一页,将取消的信息通知有关部门。

3. 婉拒预订

事前提示:当客人的订房要求不能满足时,预订员应该向客人积极介绍其他与客人要求相近类型的房间,切不可直接拒绝。如果客人还是不能答应,则应想办法与客人协调,主动提出一系列可供客人选择的建议,建议客人重新选择来店日期或改变住房类型、数量。

1) 查看报表

(1) 确认预订日期订房情况。

(2) 确定酒店确实无法接受客人预订。

2) 提出建议

建议客人更改预订要求,或向客人提出建议,或提供其他酒店的相关信息。

3) 寄致歉信

按规范拟写一封致歉信并寄出(图 2-3)。如果客人是书面订房而酒店无法满足客人的订房需求时,应立即礼貌复信。部分酒店使用规范的婉拒信函寄发给客人,以达到同样的效果。

尊敬的_____ 小姐/女士/先生:

　　由于本酒店 _____年_____月_____日的客房已经订满,我们无法接受您的订房要求,深表歉意。

　　感谢您对本店的关照与支持,衷心希望以后能有机会为您服务。

XX酒店预订处

_____年_____月_____日

图 2-3　婉拒致歉信

4) 整理资料

(1) 将客人列入"等待名单"。

(2) 将资料存档备案。

项目三　预订控制

一、导入

　　小张是上海某酒店的预订员。在国庆节期间,上海所有酒店客房几乎都已爆满,且房价飙升。10月1日11:30左右,小张在繁忙的工作中接到一位李先生预订客房的电话。李先生是该酒店某协议单位的老总,也是酒店的常客,所以小张格外小心。当时刚好还剩下一间标准间,小张就把它留给了李先生,并与他约好抵店时间是当天的23:00。但一直等到23:40,李总还未抵店。在这半个多小时期间,有许多客人向酒店询问是否还有客房,小张都一一婉言谢绝了。之后小张心想:也许李先生不会来了,因为经常有客人订了房间后不来住,如果再不转让,24:00以后就很难转让出去了。为了酒店的利益,23:45小张将这最后一间标准间转让给了一位正急需客房的熟客。24:00左右,李总出现在前台,并说因车子抛锚、手机无电,故未事先来电说明。一听说房间已有人入住,他顿时恼羞成怒,立即要求酒店赔偿损失,并声称将取消与酒店的协议。

【问题思考】

　　(1)旅游旺季时出现客人在酒店预订后,抵店时无房的情况该怎样处理?

　　(2)小张在李先生抵店后应该怎样解决问题?

【案例分析】

　　如果按照约定,小张在销售过程中并不违规,客人李总也是事出有因,并非故意。从预订行为来看,协议双方均不违约。但是,本着为客人提供高品质服务的宗旨,小张应当按照酒店的操作要求,在向李总赔礼道歉的同时,尽可能地帮助李总解决住宿问题,如有可能,应按照预订违约的程序处理,尽力满足客人的住店要求。

　　　　　　　　　　　　　　　　(案例来源:曹艳芬.酒店前厅服务与管理[M].天津:天津大学出版社,2011.)

二、超额预订

什么是超额
预订

1. 超额预订的概念

　　酒店实现了客房预订,并非所有的客人都能按约如期到达。多年的经验总结,即使酒店的客房全部都预订出去,仍然会有一小部分预订者因为各种原因不能按期抵达或者临时取消,从而使酒店出现空房,由此延误出租而造成一定的损失。这是因为客人的预订不可能都是保证性预订。酒店为追求较高的出租率,争取获得理想的经济效益,有可能或有必要实施超额预订。

　　超额预订(overbooking)是指酒店在一定时期内,有意识地使其所接受的客房预订数超过其客房接待能力的一种预订现象,其目的是充分利用酒店客房,提高出租率。由于种种原因,客人可能会临时取消预订,或出现No Show现象,或提前离店,或临时改变预订要求,从而可能造成酒店部分客房的闲置,迫使酒店进行超额预订,以减少损失。

超额预订的
处理

2. 实施超额预订必须关注的事项

　　(1)团体预订和散客预订的比例。团体预订一般指由国内外旅行社、专业会议、商业机构等事先计划和组织的用房预订。它们与酒店签订预订合同,双方愿意共同履行契约,可信度较高。因此,预订不到或临时取消的可能性很小,即使有变化也会提前通知。而散客是由个人预订的,一般支付定金的不多,随意性很强。所以,在某段时间团体预订多、散客预订少的情况下,超额预订的幅度不可过大;反之,在散客预订多而团体预订少的情况下,超额预订的数量不宜过少。

（2）预订类别之间的比例。为维护酒店的声誉,取信于客户,酒店在具体实践中,往往把保证类和确认类预订视为准确预订,做"预订契约"处理,应最大限度地保证客人的住房要求,尤其是保证类预订,必须确保;酒店将其他的预订视为意向性预订,届时若发生纠纷,酒店不向客人承担经济责任,若客人不按时抵达,酒店也不向客人要求赔偿。所以,如果在某一时期准确预订多而意向性预订少,超额预订的幅度不宜过大,反之,超额订单数量可以适当扩大比例。

（3）预订不兑现客人的比例。预订不兑现客人包括预订不到者（no-show）,临时取消者（cancellations）,提前离店者（under-stays）,逾期留宿者（over-stays）,提前抵店者（early-arrivals）。如果前三种客人比例高而后两种客人比例低,则超额预订的数量不宜过少;反之,超额订单的数量不宜过多。

对以上各种因素进行综合分析,并结合过去、近期的实际和对将来一段时间客人情况的估计,做出正确判断,这样才可能使超额预订工作做得恰如其分。

三、处理订房纠纷

1. 预订工作中容易产生纠纷的原因

（1）酒店未能正确掌握可出租房的数量,主要表现为与前台分房组、营销部的沟通不畅;与预订中心系统及预订代理处的沟通不及时;客房状态的显示不正确等。

（2）记录、储存的预订资料出现差错或遗失,具体有:日期错误;姓名拼写错误;遗漏;存档的顺序错误;变更及取消的处理不当;房间种类、房价差错;特殊要求差错等。

（3）预订员对房价的变更及有关销售政策缺乏了解。

（4）未能满足客人的要求,主要有:因疏忽、遗忘而未能最终落实客房;对行业术语的理解不一致及业务素质不高而造成的失误。

（5）实施超额预订不当而造成的差错,表现为过高估计预订未到店客人的房间数;过高估计临时取消预订的房间数;过高估计提前离店客人的房间数;过低估计延期离店客人的用房数等。

2. 纠纷处理及控制方法

（1）纠纷处理。对于持保证类预订或确认类预订在规定时间里抵达的客人,由于种种原因而导致客人没有房间的,通常采用如下方法解决:诚恳地向其解释原因并致以歉意;征得客人同意后,将客人安排到其他同类型或档次高于本酒店的其他酒店,并负责提供交通工具和第一夜房费;如客人同意,将搬回本酒店的时间告诉客人;免费提供1~2次长话费或电传、传真费,以便客人能将临时改变住宿地址的消息通知有关方面;临时保留客人的有关信息,以便向客人提供邮件及查询服务;做好客人搬回本酒店时的接待工作,如大堂值班经理欢迎、房内放致歉信、赠送鲜花水果等;向预订委托人发致歉信,对造成的不便表示歉意,并希望客人以后有机会再次光临;事后向提供援助的酒店致谢。其他预订种类的客人届时无房提供时,应热情礼貌地向客人说明,帮助推荐其入住其他酒店,并欢迎客人第二天如有空房时入住本酒店。

(2) 纠纷的控制方法。加强对预订员及其他有关人员的培训,提高其工作责任心和业务素质;不管是手工操作还是采用计算机操作的酒店都应用预订单记录客人的预订要求,如是电话或面谈预订,应复述客人的预订内容,解释酒店专用术语的确切含义及有关规定,避免出现错误、遗漏或误解;由专人负责标注客房预订总表或将预订信息按要求输入计算机;建立和健全与分房组等保持有效沟通的制度,前台分房处应正确统计可租房的数量,及时掌握预订未到、提前抵店、延期离店、未经预订直接抵店、临时取消及住店客人换房等用房变化数;加强对预订工作的检查,避免错误地存放预订资料;对预订的变更及取消预订的受理工作应予重视;加强与预订中心、预订代理处的沟通;结合本酒店实际情况及行业惯例,完善预订政策、预订工作程序和有关报表及规定,调整相关人员的职位,做到人尽其才。

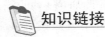 **知识链接**

国际酒店计价方式

按照国际惯例,国际酒店的计价方式通常可以分为5种。

(1) 欧式计价(European plan,EP)。这种计价只计房租,不含餐费,为世界上大多数酒店所采用。

(2) 美式计价(American plan,AP)。这种计价方式的特点是客房价格不仅包括房租,还包括一日三餐的费用,多为度假型酒店或团队(会议)客人使用。

(3) 修正美式计价(modified American plan,MAP)。这种价格包括房租和早餐费用,还包括一顿正餐(午餐、晚餐任选其一),这种计价方式比较适合普通旅游客人。

(4) 欧陆式计价(Continental plan,CP)。这种计价包括房租和欧陆式早餐(Continental breakfast)。欧陆式早餐比较简单,一般提供冷冻果汁、烤面包(配黄油、果酱)、咖啡或茶。

(5) 百慕大式计价(Bermuda plan,BP)。这种计价的客房价格中包括房租和美式早餐(American breakfast)。美式早餐除包括欧陆式早餐的内容外,通常还提供煎(煮)鸡蛋、火腿、香肠、咸肉、牛奶、水果等。

【思政园地:课堂小组讨论】

1. 预订人员在接打电话时,可以采用哪些技巧与客人进行有效的沟通?

2. 在计算机中录入客人预订信息时,需要达到哪些职业技能要求?

3. 你能用学过的知识完成一次电话预订吗?(从职业素质、技能要求、工作态度、电话礼仪等方面进行分析)

小　　结

客房预订是前厅部的一项重要业务内容。积极有效地开展预订业务既能满足客人的订房要求,又可以促进酒店客房的销售。前厅部的正常运转离不开方便、快捷的预订系统和程序。预订系统必须能够准确、快捷、高效地回应客人的订房要求。通过本模块的学习,学生了解了客房预订的方式和种类,掌握了受理散客预订、计算机网络预订、传真预订的标准和程序,学会了处理预订变更或取消的办法,理解了超额预订的内涵和处理程序等预订业务的相关知识,使学生明确客房预订的重要性,培养其独立完成各类型预订服务的能力。

课 外 思 考

1. 预订的方式与种类有哪些?

2. 讨论接受一个电话预订的技巧。

3. 预订客人抵店前,预订处应做好哪些准备工作?

4. 如何处理客人的预订取消要求?

课 后 作 业

一、单选题

1. 酒店客房价格包含房租和一日三餐费用,这种计价方式是(　　)计价。

　　A. 欧式　　　　　　B. 百慕大式　　　C. 美式　　　　　　D. 修正美式

2. 保证类预订是(　　)。

　　A. guaranteed reservation　　　　　B. confirmed reservation

　　C. waiting reservation　　　　　　　D. advanced reservation

3. 标准间一般放置有(　　)。

　　A. 一张双人床　　　　　　　　　　B. 一张单人床

　　C. 两张单人床　　　　　　　　　　D. 一张单人床和一张双人床

4. 按照国际惯例,酒店对于客人的"取消预订时限"即"截房时间"一般是指(　　)。

　　A. 抵店当日中午十二点　　　　　　B. 抵店当日下午六点

　　C. 第二天中午十二点　　　　　　　D. 第二天下午六点

二、问答题

1. 预订客房对于客人与酒店来说,分别有什么好处?

2. 预订时如果没有客人想要的房型应如何处理?

3. 为什么要做超额预订?

4. 客房预订有哪些常见类型?

5. 在受理散客预订时,要在预订单上记录哪些信息?

模块三

礼宾服务

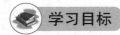 **学习目标**

知识目标：掌握前厅系列服务内容和要求；理解"金钥匙"服务的基本理念；进一步认识前厅部在酒店中的作用。

能力目标：能够运用门童服务、行李服务、问询服务的基本程序；能够熟记各项服务的技能要求；能够在门童、行李、问询等岗位提供服务并在服务中灵活恰当地解决问题。

课程思政：在礼宾服务过程中遵守国家的法律、法规；敬业乐业，热爱本职工作；高度的工作责任心，乐于助人。

项目一 迎送客人服务

一、导入

一辆白色高级轿车向酒店驶来，司机熟练而准确地将车停靠在酒店豪华大转门前的雨篷下。门厅礼宾员小勇看清车后端坐着两位健壮的男士，前排副驾位上坐着一位眉清目秀的女士。小勇跨步上前，以优雅姿态和职业性的动作为客人打开后门，做好护顶姿势，并注视客人，致以简短的欢迎词以示问候，动作麻利规范，一气呵成，无可挑剔。关好后门，小勇迅速走到前门，准备以同样的礼仪迎接那位女士下车，但那位女士满脸不快，这使小勇茫然不知所措。通常后排座为上座，优先为重要客人提供服务是酒店服务程序的常规，这位女士为什么不悦？

【问题思考】

（1）小勇在迎接客人的服务中有哪些问题？

（2）你认为小勇在为客人开车门的服务中应该注意什么？

【案例分析】

服务员应该主动上前欢迎客人抵店，并为乘车客人拉开车门。

在拉开车门的服务中应该注意乘车礼仪，西方国家流行"女士优先"，在社交场合或公共场所，男子应为女士着想，照顾、帮助女士，小勇在服务中没有注意到先为女性客人打开车门这一细节，导致了女士的不满。

二、迎送服务的准备工作

1. 检查仪表仪容

门童必须服装整洁,仪容仪表端正、大方,体格健壮,精神饱满,口齿伶俐、思维敏捷,普通话标准。门童通常站在大门一侧或台阶下、车道边,站立时应微挺胸,眼睛平视,表情自然,双手自然下垂或呈前交叉状。

2. 礼仪礼貌

(1) 遵循"客人至上"的服务宗旨,对客人应一视同仁,不准厚此薄彼。当老、弱、病、残、孕、怀抱小孩者以及携重物者入店时,应主动上前,提供服务帮助。

(2) 与客人交谈时,态度要温和,吐字要清楚;引领客人时应与客人保持一定距离,行走不可过快过慢或忽快忽慢。

3. 熟悉工作规范

工作时要承担迎送、调车工作,多与保安员、行李员相互配合,保证迎客、送客服务工作的正常进行;如有停车不当或可疑人员,应及时通知保安部;熟记操作寄存及取物的服务流程,做好因有事情而滞留在门前的客人的服务工作。

三、迎送服务的相关知识

1. 礼宾部岗位设置

礼宾服务来源于法语 concierge,又可译为委托代办服务。为了体现酒店的档次和服务水准,许多高档酒店都设有礼宾部。礼宾部的主要职责就是向即将入住酒店和已经入住酒店的客人提供"一条龙服务",让客人享受礼宾待遇,给客人带来宾至如归的感受。因为酒店对客服务涉及面广,所以礼宾部的工作渗透于其他各项服务之中,其工作特点是工作分散、范围大。此外,客人入住酒店第一个接触的部门便是礼宾部,离店时最后所接触的也是礼宾部。所以,礼宾部的言行举止直接代表着酒店,是酒店前台的"门面"。缺少这项工作,会直接影响酒店内部沟通以及酒店对外的声誉和形象。礼宾部的服务态度、工作效率和质量都会给酒店的经济效益带来直接的影响。

我国大中型酒店一般将礼宾服务与前台问询、接待、结账等作为前厅服务流程中平行的四个机构单独设置。

礼宾部也称为行李部,主要由礼宾部主管、礼宾部领班、门童、行李员、驻机场代表等组成,如图 3-1 所示。礼宾部员工对客服务流程如图 3-2 所示。

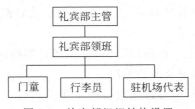

图 3-1　礼宾部组织结构设置

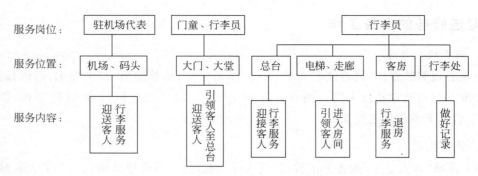

图 3-2　礼宾部员工对客服务流程

1）礼宾部主管

岗位描述：全面负责礼宾部的管理、培训、服务等工作。其直接上级是前厅部经理,下级是礼宾部领班。

礼宾部主管的岗位职责如下。

（1）协助前厅部经理制订本部门工作计划和工作目标。

（2）负责礼宾部的日常管理工作。

（3）查看交班本,了解上一班的工作情况及有无要跟进的事项。

（4）了解前一日酒店住房出租率以及当日预订情况,做好服务安排工作。

（5）检查上岗员工的仪容仪表,带领并督促员工按规定做好迎接客人的各项准备工作。

（6）指导监督和考核本部员工遵守纪律、执行工作程序的情况。

（7）安排人力准确运送团体和散客的行李进出酒店。

（8）负责本部门设施设备的保养维护和部门各类低值易耗品的发放与使用。

（9）站于柜台内,接听电话,回答客人询问。

（10）接受客人投诉,给予高度重视,并尽最大努力答复客人,遇到不能及时解决的问题立刻向经理汇报。

（11）做好交接工作,认真落实每一件事,避免工作上的任何失误。

（12）协调本部门与相关部门的关系,保证礼宾部更好地运作。

（13）组织培训,传达酒店的政策及工作要求。

（14）负责各项委托代办业务。

（15）完成上级分派的其他临时性工作。

2）礼宾部领班

岗位描述：协助礼宾部主管做好前厅礼宾部日常管理工作,带领门童、行李员等为客人提供优质服务。其直接上级是礼宾部主管,直接下级是礼宾部服务员。

礼宾部领班的岗位职责如下。

（1）检查员工仪容仪表,主持班前（后）会,根据当日客情向服务员详细布置当班任务。

（2）检查行李房行李的登记及保管情况。

（3）检查每班组员工维护、保养设施设备的工作。

（4）负责做好租车服务。

（5）为客人提供租借物品等服务。

（6）了解酒店的服务设施和所有活动，解答客人的各种疑问。

（7）检查当值员工的工作状况，保证客人得到满意的服务。

（8）维护大堂的正常秩序。

（9）做好每天对本班次员工的考核记分工作。

（10）必要时接受主管委托，代理其工作。

（11）完成上级分派的其他临时性工作。

3）门童

岗位描述：门童站在酒店入口处，负责迎送光顾酒店的所有客人，并维持酒店正门前的交通秩序。

门童的岗位职责如下。

（1）热情迎送进出酒店的所有客人。

（2）协助车管人员保持大堂门前车道畅通。

（3）为来店客人提供拉车门服务，并配合行李员完成客人行李运送一条龙服务。

（4）记住常住客人、商务客人的姓名，尽量带姓称呼重要客人。

（5）主动帮助行动不便的客人上下车以及进出酒店。随时检查大门的完好程度，发现问题应及时报修。

（6）注意大门口的灯光照明、环境卫生，发现问题及时上报。

（7）注意门厅出入人员动向，协助保卫人员做好门前保安工作，做好防爆、防盗工作。

（8）了解酒店各项服务设施以及营业时间。

（9）遇到雨雪天气，应为客人存放雨具。

（10）注意观察酒店门前的情况，及时处理突发事件。

（11）每日查看交接班记录本。

（12）完成上级分派的其他临时性工作。

4）行李员

岗位描述：行李员是酒店前厅部的主要服务员工，为客人提供迅速、准确的行李运送服务，以及送信、传递留言、递送物品等服务。

行李员的岗位职责如下。

（1）查看交接班记录，了解上一班次移交事项。

（2）为进出酒店的零散客人提供行李服务。

（3）负责收集、装卸团队行李，并请领队和司机确认交接。

（4）认真做好行李的搬运记录工作，确保客人的行李完好无损。

（5）礼貌地引领客人进客房，并根据实际情况，用准确、熟练的中文或英文向客人介绍酒店客房内的设施设备。

（6）负责客人留言、信件、快件的传递，请收件人签名，并及时做好记录。

（7）解答客人提出的问题，主动帮助客人解决困难。

（8）提供呼叫寻人服务。

（9）熟悉应急处理程序，一旦有紧急情况，能单独处理。

（10）完成上级分派的其他临时性工作。

5）驻机场代表

岗位描述：驻机场代表主要负责在机场、车站、码头等主要出入境口岸迎接入住酒店的客人，提供有效的接送服务。

驻机场代表的岗位职责如下。

（1）向预订处了解需要接站的客人名单和客人的基本信息。

（2）向车队发接送通知单，准时抵达机场。

（3）尽快为客人安排回酒店的交通工具。

（4）协助客人处理好行李问题。

（5）在淡季积极争取客源，在机场宣传、介绍酒店产品及服务。

（6）根据接待工作的原则，灵活处理客人提出的旅游服务要求等方面的信息。

（7）注意与车队司机协调配合，顺利完成迎送任务。及时与前台和机场联系，获取航班抵离情况，避免误接或未接到的现象发生。

（8）协调好与其他酒店机场代表的关系，协调酒店有关部门联系机场业务。

（9）完成上级分派的其他临时性工作。

2. 礼宾部的工作任务

礼宾部主要负责向酒店客人提供店内外的迎送服务、行李服务、报纸刊物与邮件服务以及其他委托代办服务等。具体而言，前厅礼宾部对外提供的服务项目如下。

（1）在机场、车站或码头、店门前迎送客人服务。

（2）疏导酒店门前车辆。

（3）代客泊车服务。

（4）行李搬运服务。

（5）行李寄存服务。

（6）递送住店客人邮件和酒店内部邮件、留言单等服务。

（7）分发住客的报纸服务。

（8）提供呼叫寻人服务。

（9）提供简单的店外修理服务（如修理皮箱、鞋等）。

（10）预订出租汽车服务。

（11）电梯服务。

（12）其他的委托代办服务。

四、业务实训

门厅迎送客人服务也称为"店内迎送客人服务"，是在酒店门前为客人提供的一项面对面的服务。门厅迎接员（doorman）也称迎宾员或门童，是代表酒店在大门口迎接客人的专门人员，是酒店形象的具体体现。门童不仅要熟悉酒店的情况，还应对该城市有足够的认识，如遇到客人问询，应礼貌地解答。

1. 步行散客的抵店服务

（1）客人到达酒店时，门童应主动、热情、面带微笑地向客人点头致意，并致问候或欢迎语，同时用手势示意方向，为客人拉开大门。

（2）站在大厅内侧或大门的左右两边，当客人走近大门2米左右时，为客人提供拉门服务，如果酒店装置自动门或转门则不必拉门。

（3）若行李员距离较远，应使用规范手势，切忌大声喊叫，以免扰乱前厅安静的气氛。

2. 乘车客人的抵店服务

（1）将客人所乘车辆引领到适当的地方停下，以免酒店门前交通阻塞。

（2）面带微笑，使用恰当的敬语欢迎前来的每一位客人。

（3）上前开启车门，用左手拉开车门成70°左右，右手挡在车门上沿，为客人护顶，防止客人碰伤头部，并协助客人下车。必须注意有两种客人不能护顶，以免客人不悦：一种是信仰佛教的客人，如泰国人，他们认为每个人头上都有佛光，如手挡在头顶上，会遮住佛光；另一种是信仰伊斯兰教的客人。门卫应根据客人的衣着、言行举止、外貌来判断是否属于以上两种人。如无法判断，则可以把右手抬起而不护顶，但随时做好护顶准备。

开启车门时原则上应优先为女宾、外宾、领导、老年人开车门，如一时辨别不清车内客人的性别、国籍、年龄，应先开朝向台阶一侧的后门。若遇到客人行动不便时，立即上前搀扶，并提示行李员为客人准备轮椅。

（4）及时为客人拉开酒店正门，如果客人行李物品较多，应主动帮助提拿，并提醒客人清点件数，带好个人物品，进入大厅时应立即交给行李员。

（5）如果遇到下雨天，应主动打伞接应客人下车进店，并提醒客人可以将雨伞锁在门口的伞架上。

（6）招呼行李员引领客人进入酒店大堂，准确记录下车牌号，以备客人物品遗忘时到车上查找。

3. 团队客人的抵店服务

（1）团队客人到店时，待客车停稳后，门童站立在车门一侧，迎接客人下车，主动点头致意、问候。

（2）协助行李员卸行李，注意检查有无遗漏物品。

（3）招呼行李员引领客人进入酒店大堂。

4. VIP迎送服务

门厅VIP客人迎送是酒店对下榻的VIP客人的一种礼遇。门童应根据客房预订处发出的接待通知，做好充分准备。

（1）根据需要，负责升降某国国旗、中国国旗、店旗或彩旗等。

（2）负责维持大门口秩序，协助做好安全保卫工作。

（3）正确引导、疏通车辆，确保大门前交通畅通。

（4）讲究服务规格，准确使用VIP客人姓氏或头衔向其问候致意。

5. 迎宾员送客服务要点

（1）当步行客人离店时，迎宾员应与客人道别并使用祝福的话语，如"欢迎再次光临""祝您一路平安"等。

店门前迎、送服务

（2）对乘车离店的客人，迎宾员要把车辆引至便于宾客上下车又不妨碍装行李的位置。待行李员将行李全部装上车且客人确认行李件数后拉开车门，请客人上车，护顶，等待客人坐稳以后再关车门（注意不要夹伤客人或夹住客人的衣服等）。

(3) 客人离店时,酒店留给客人的最后印象同样重要。送别客人时挥手向客人道别,目送客人车子驶离以示礼貌。

项目二　行 李 服 务

一、导入

　　中午 12 点多,一位客人提着行李箱走出电梯,往总台旁的行李房走去。正在行李房当班的服务员小徐见到他就招呼说:"钱经理,您好! 您住得好吗? 请问有什么可以帮您?"钱先生回答说:"住得挺好的,生意也顺利谈完了。现在需要把行李寄存在你这里,下午出去办点事,准备赶晚上 6 点多的飞机回去。""好,您就把行李放这儿吧。"小徐一边从钱先生手里接过行李箱,一边热情地说。

　　"是不是要办个手续?"钱先生问。

　　"不用了,咱们是老熟人了,下午您回来直接来拿东西就行了。"小徐爽快地表示。

　　"好吧,那就谢谢您了。"钱先生说完便匆匆离去。

　　下午 4 点 30 分,小徐忙忙碌碌地为客人收、发行李,服务员小童前来接班,小徐把之前的工作交给小童,下班离店。

　　4 点 50 分,钱先生匆匆赶到行李房,不见小徐,便对当班的小童说:"你好,我的一个行李箱午后交给小徐了,可他现在不在,请您帮我提出来。"小童说:"请您把行李牌给我。"钱先生说:"小徐是我的朋友,当时他说不用办手续,所以没拿行李牌。你看……"小童忙说:"这可麻烦了,小徐已经下班了,下班时也没向我交代这件事。"钱先生焦急地问:"你能不能给我想想办法?""这可不好办,除非找到小徐,可他正在回家的路上……""请你无论如何想个法子帮我找到他,一会儿我就要赶 6 点多的飞机回去。"钱先生急切地打断小童的话。"他可能正在挤公交车,手机无法接通,现在无法跟他联系……"

　　【问题思考】

　　(1) 这个案例中存在哪些问题?

　　(2) 办理行李寄存的程序是什么?

　　【案例分析】

　　本来是想给老顾客方便,结果却事与愿违,反而给客人增添了麻烦。

　　(1) 这主要是行李员小徐没有让客人办理寄存手续造成的。

　　(2) 小徐也没有做好工作的交接,导致接班行李员小童无法让客人取走行李。而行李员小童的做法无可厚非,如果随意让没有手续的客人取走行李倒是对客人不负责任的行为。

　　(3) 小徐交班之后应该保持通信畅通,这样即使有本案例类似事情发生也可及时联络解决。

　　本案例提醒我们,酒店工作一定要严格按照操作程序进行,不能因为是熟人就省去必要的手续;交接班要仔细认真,确保交代清楚所有未尽事宜;交接班之后交班员也要保持通信畅通,这样接班员有问题可及时沟通。

　　(案例来源:刘伟.前台与客房管理[M].北京:高等教育出版社,2017.)

二、行李服务的准备工作

1. 检查仪表仪容

上岗前要认真检查仪容仪表,做到戴帽端正、衣服整洁、手套干净、皮鞋锃亮。站立服务时姿势要正确,不得倚墙靠柜,不做小动作,不闲谈或到处游逛。

2. 礼仪礼貌

行李服务遵循"客人至上、服务第一"的宗旨,为客人提供迅速、准确、周到的服务,对客人应一视同仁,不准厚此薄彼。

客人坚持要自己提取行李时,要尊重客人意见,不得勉强。领客人进入房间,介绍完客房的设施和使用方法后应立即退出,不可逗留时间过长。不得向客人索取小费或做某种暗示,也不得向客人索取物品或兑换外币。搬运行李要小心,不准乱抛、脚踢,做到行李不拖地,标志不倒放。推行李车要稳,在进出门口或转弯拐角时,要放慢速度,保证不碰墙、不撞门。客人委托办理的事宜,除按规定收费外,不准要求额外赏赐或进行变相敲诈。递送物品要迅速、准确、安全。发现酒店门口有闲杂人员徘徊,应立即通知保安人员查询和处理,确保酒店安全。按规范程序操作交接日记,听从上级指令,服从酒店相关工作安排。同时,行李员也要掌握酒店当日客房状态、餐饮情况以及其他有关信息,为自己的服务做好准备。

3. 熟悉工作规范

行李员应能吃苦耐劳,眼勤、嘴勤、手勤、腿勤,和蔼可亲;性格活泼开朗,思维敏捷,与客人交谈时应面带笑容,态度要温和,谈吐要清楚,保持个人的职业形象;熟悉本部门工作程序和操作规则;熟悉酒店内各条路径及有关部门位置;了解店内客房、餐饮、娱乐等各项服务的内容、时间、地点及其他有关信息;书写时笔迹清晰、字体端正;工作时不得在大厅、通道、电梯、行李房等处高谈阔论;引领客人时应与客人保持一定距离,行走不可过快、过慢或忽快忽慢;广泛了解当地名胜古迹、旅游景点和购物点,尤其是那些地处市中心的购物场所,以便向客人提供准确的信息。

三、行李服务的相关知识

1. 行李车与雨伞架

酒店中常用的行李车和雨伞架如图3-3所示。

2. 行李服务常见问题

1)行李破损

(1)在酒店签收前发现破损的行李,酒店不负任何责任,但必须在团体行李进店登记簿上登记。

(2)签收后,在运往客房的途中,或从客房送至酒店大门的途中破损,应由酒店负责。首先应尽力修复,如果实在无法修复,则应与导游或领队及客人协调赔偿事宜(赔钱或物)。

2)团队的个别房间行李弄错

(1)向客人了解行李的大小、形状、颜色等特征,与陪同的最新排房名表核对,查询是否有增房。如有,查对增加房间的行李,检查客人不在的房间,务必尽快调整行李;若没有,请陪同人员协助查找客人所在的房间,予以调整,做好记录。

图 3-3　行李车和雨伞架

（2）本批团体行李中多一件或几件行李，应把多余的行李存放在行李房中，同一批多余的行李应放在同一格内。用行李标签写一份简短的说明，注明到店时间及与哪个团体行李一起送来，然后等候旅行社来查找。同批团体行李中少一件或几件行李，也应在签收单上加以说明，同时与旅行社取得联系，尽快追回。

（3）行李错送的处理。应把非本团行李挂上行李标签，做一个简短的说明后，存放于行李房的一格中，等候别的旅行团来换回行李，或通过旅行社联系换回行李事宜。

3）行李丢失

（1）行李到店前丢失，由旅行社或行李押运人员负责；如果是酒店押运的行李，在去酒店的途中丢失的，酒店应负责任。但因客人尚未办理入住手续，还不是酒店的正式客人，酒店的赔偿责任，应轻于住店客人的行李丢失情况。

（2）客人到达酒店后，在办理入住登记手续之前，或办理退房手续之后丢失的行李，酒店原则上不必赔偿。

（3）已寄存的行李丢失，酒店应予以赔偿，但赔偿应有一个限额（过于贵重的物品本不应放在行李寄存处寄存）。

4）多位客人需要提供行李服务

（1）行李员请客人先办理入住登记手续；手续办完后，请每位客人逐件确认行李。

（2）迅速在行李牌上写清客人的房间号，告诉客人请在房间等候。

（3）迅速将行李送入客人房间。

5）客人早到，暂无房间

（1）行李员首先应询问接待员何时能为客人安排房间。

（2）如果所需时间较长，行李员可请客人在大堂吧休息或请客人先办其他事情，建议客人先将行李寄存，待客人入住后再送行李；行李员要时刻关注该客人的入住情况，以便及时将行李送到客人的房间。

（3）若所需时间较短，则应将行李放在行李台旁代客人保管，填写寄存条，待客人房间安排好后再送入房间。

6）行李上没有名字，无法标上房号

（1）先清点行李件数，集中放在大堂指定位置，请团队陪同人员核对行李，通知客人前来认领；待客人前来认领时，主动帮客人将行李送进房间。

（2）做好记录，以备查核。

四、业务实训

礼宾部工作区域在大堂一侧的礼宾部，其主要职责是欢迎客人，协助客人完成行李的运输和寄存等工作。行李员是酒店与客人之间联系的桥梁，通过他们的工作使客人感受到酒店的热情好客。

行李服务是礼宾服务的一项重要内容，主要服务内容包括散客入住及离店行李服务、团队入住及离店行李服务、行李寄存、换房行李服务等。

1. 散客入住行李服务

散客入住行李服务是从散客抵达酒店开始，服务程序如下。

（1）行李员主动迎接抵达酒店的客人，为客人打开车门，请客人下车，并致亲切问候。

（2）从出租车内取出客人行李（如遇易碎或贵重物品应妥善搬运），请客人确认行李件数，以免遗漏。

（3）迅速引导客人进店，到前台进行入住登记，引领时应走在客人侧前方。行李员引导客人至前台，在客人办理入住登记时，把行李放置在客人侧后方，双手背后站立在行李后方，看管行李，等候客人，直到客人办理完入住登记手续。但是对于入住行政楼层的贵宾，直接引导客人至行政楼层办理入住手续，帮助客人放好登记台前的座椅，请客人入座，行李员退后三至四米站立，等候客人办理手续。

散客抵店行李服务程序

（4）客人办理完入住登记手续后，行李员从接待员手中接过客房钥匙，引领客人至房间。如果几位客人同时入店，应在办理完手续后，请每位客人逐件确认行李，在行李牌上写清客人的房间号码，并婉转地告诉客人在房间等候，然后迅速将行李送入房间。

（5）引导客人至电梯厅，并在途中向客人介绍酒店设施和服务项目，特别是推广活动等信息，使客人初步了解酒店，然后按电梯。

行李服务电梯引领

（6）电梯到达，请客人先进电梯间，行李员进电梯后按下电梯楼层，侧立在电梯按钮一侧，行李靠边放置。在电梯行进过程中，继续向客人介绍酒店有关情况，回答客人的问询。

（7）电梯到达目的楼层后，请客人先出电梯，行李员随后赶上，走在客人之前引领客人进入客房。

（8）达到房间时，行李员放下行李，按酒店规定程序敲门、开门。打开房门后，介绍电源开关，并把钥匙插入开关插槽，开灯，退出客房，用手势示意客人先进。请客人进入房间，行李员进入后把行李放在行李架上，帮客人把脱下的外衣及需挂放的物品挂入壁柜内，并打开或拉上窗帘。同时，向客人介绍如何使用电器设施设备；向客人介绍卫生间内设施，提醒客人注意电源的使用；向客人介绍店内的洗衣服务及电话号码。介绍完毕，把房卡归还客人，并询问客人是否还有其他要求。

（9）行李员离开客房前，应礼貌地向客人道别，并祝客人入住愉快。

（10）回到礼宾部做好登记，在"散客行李（入店/离店）登记表"（表 3-1）上记录房号、行李件数、时间等。

表 3-1　散客行李（入店/离店）登记表

礼宾部领班　　　　　　　　值班由　　　　至　　　　日期
CONCIERGE SUPERVISOR: ＿＿＿　SHIFT FROM: ＿＿＿　TO: ＿＿＿　DATE: ＿＿＿

行李员 BELL BOY	房间号码 ROOM NUMBER	进店 C	离店 C/O	换房 ROOM CHANGED		件数 NUMBER OF PIECES	服务时间 SERVICE TIME		卡号 CARD NO.	备注 REMARKS
				FROM	TO		OUT	IN		

2. 散客离店行李服务

（1）当客人将要离店打电话要求提取行李时，行李员需问清楚客人房间号码、姓名、行李件数和收取行李的时间。行李员在散客离店登记单上填写房间号码、时间、行李件数，并根据房间号码迅速去取客人行李。

（2）到达客人房间门前先按门铃或轻敲三下告知客人"行李服务"；得到客人的允许后，进入客房，向客人问候，和客人一起确认行李件数，并帮助客人检查是否有遗留物品，如发现有遗留物品，直接还给客人或交给行李部领班。

（3）弄清客人是否直接离店，如客人需要行李寄存，则填写行李寄存卡，并将其中一联交给客人作为取物凭证，将行李送回行李房寄存保管。待客人来取行李时，核对并收回行李寄存卡。

（4）如果客人直接离店，装上行李后，礼貌地带客人到前台办理结账退房手续。确认客人已付清全部房费、办理完离店手续后，引导客人出店，再次请客人清点行李件数，确认无误后帮助客人将行李放入车内。

（5）为客人打开车门，请客人上车，向客人礼貌告别"欢迎您下次再来"，祝客人旅途愉快。

（6）待送完客人后，回到礼宾台，在"散客行李（入店/离店）登记表"（表 3-1）上登记房间号码、行李件数、时间。

3. 团队抵店行李服务

（1）当团队行李送到酒店时，由领班向团队行李员问清行李件数、团队人数，并请团队行李员在团队入店登记表上登记姓名和行李车牌号；由领班指派行李员卸下全部行李，并清点件数，检查行李有无破损情况，如遇损坏或破损，须由领队或全陪和行李员一起确认并签字。如果团队行李需要寄存，要整齐码放行李，全部系上本酒店的行李牌，并用网子罩住，以防丢失或错拿。

（2）根据前台或领队分配的房间号码分拣行李，并将分好的房间号码清晰地写在行李牌上；与前台团队分房组联系,问明分配的房间是否有变动,如有变动需及时更改。

（3）及时将已知房间号码的行李送至房间；如遇行李卡丢失的行李应由领队帮助确认。

（4）在进入楼层后,应将行李放在房门左侧,轻敲门三下,客人开门后,主动向客人问好,将房门固定后把行李送入房间内,待客人确认后方可离开。如果没有客人的行李,应委婉地让客人稍候并及时报告领班。对于破损和无人认领的行李,要同领队或陪同及时取得联系以便及时解决。

（5）送完行李后应将送入每间房间的行李件数准确登记在团队入店登记单上,填写团队行李进店/出店登记表（表3-2）。

（6）按照团队入店单上的时间存档。

表3-2　团队行李进店/出店登记表

日期：

团队名称		人数		抵店日期		离店日期	
	时间	总件数	行李押运员	酒店行李员	领队签字	车号	
进店							
离店							
房号	进店件数			离店件数			行李收取时间
	行李箱	行李包	其他	行李箱	行李包	其他	备注
合计							
进店 行李主管： 日期/时间：				离店 行李主管： 日期/时间：			

4.团队离店行李服务

（1）仔细审阅前台送来的团队离店名单；与团队入店时填写的"团队行李接送登记表"核对,并重建新表。

（2）依照团号、团名及房间号码在规定的时间内到相应的楼层收取行李；与客人确认行李件数,如客人不在房间,则检查行李牌号及姓名；如客人不在房间,又未将行李放在房间外,应及时报告领班解决。根据领班指定位置摆放行李,并罩好,以免丢失。

（3）核对实际收取行李件数,请领队、全陪过目,并签字确认。

（4）认真核对要求运送行李的团名、人数等信息,核对无误后,请来人在离店单上签上姓名及车牌号。当从前台得到该团行李放行卡后,方可让该团队离开。

（5）将行李搬运上车。

（6）领班将团队离店登记单存档（表3-2）。

5.行李寄存服务

1）行李寄存的注意事项

（1）行李房不寄存现金、金银首饰、珠宝、玉器、护照及宠物等。上述物品应礼貌地请客

行李寄存
服务

人自行保管，或放到前厅的贵重物品保管箱内免费保管。已办理退房手续的客人如想使用贵重物品保管箱，需经大堂副理批准。

（2）酒店及行李房不得寄存易燃、易爆、易腐烂或有腐蚀性的物品；不得存放易变质食品及易碎物品。

（3）如发现枪支、弹药、毒品等危险物品，要及时报告保安部和大堂副理，并保护现场，防止发生意外。

（4）提示客人将行李上锁，对未上锁的小件行李需在客人面前用封条封好。

2）行李寄存服务要点

（1）礼貌迎接。客人前来寄存行李时，行李员应热情接待，礼貌服务。

（2）弄清情况。弄清客人的行李是否属于酒店不予寄存的范围；问清行李件数、寄存时间、客人姓名及房间号码；填写"行李寄存单"（见表3-3），并请客人签名，上联附挂在行李上，下联交给客人留存，告知客人下联是领取行李的凭证。

表 3-3   行李寄存单

行李寄存单(酒店联)	
姓名(NAME)	
房号(ROOM NO.)	
行李件数(LUGGAGE)	
日期(DATE)	时间(TIME)
客人签名(GUEST'S SIGNATURE)	
行李员签名(BELLBOR'S SIGNATURE)	

行李寄存单(顾客联)	
姓名(NAME)	
房号(ROOM NO.)	
行李件数(LUGGAGE)	
日期(DATE)	时间(TIME)
客人签名(GUEST'S SIGNATURE)	
行李员签名(BELLBOR'S SIGNATURE)	

（3）存放行李。将半天、一天、短期存放的行李放置于方便搬运的地方；如一位客人有多种行李，要用绳系在一起，以免错拿。

（4）进行登记。经办人需及时在行李寄存记录本（表3-4）上进行登记，并注明行李存放的件数、位置及存取日期等信息。如属非住店客人寄存住店客人领取的寄存行李，应通知住店客人前来领取。（行李寄存及领取的类别有3种：住店客人自己寄存，自己领取；住店客人自己寄存，让他人领取；非住店客人寄存，但让住店客人领取。后两种需要核对身份后取件。）

表 3-4   行李寄存记录本

日期	时间	房间号码	件数	存单号码	行李员	领回日期	时间	行李员	备注

3）行李领取服务要点

（1）签名询问。客人来领取行李时，收回"行李寄存单"下联，请客人当场在寄存单下联上签名。询问行李的颜色、大小、形状、件数、存放的时间等，以便查找。

（2）核对记录。核对"行李寄存"上、下联的签名是否相符，如相符则将行李交给客人，请客人当面清点并签字。将寄存卡的上联和下联装订在一起存档，在行李寄存记录本上做好记录。

（3）如果是客人寄存，他人来领取，需请客人把代领人的姓名、单位或住址写清楚，并请客人告知代领人凭"行李寄存单"的下联及证件前来领取行李。行李员需在行李寄存记录本的备注栏内做好记录。

（4）如果客人遗失了"行李寄存单"，应请客人出示有效身份证件，检查签名，并请客人报出寄存行李的件数、形状特征、原房间号码等。确定是该客人的行李后，请客人写一张领取寄存行李的说明并签名（或复印其证件）。将客人所填写的证明、证件复印件、"行李寄存单"上联订在一起存档。

（5）来访客人留存物品让住店客人提取的寄存服务，可采取留言的方式通知住店客人，并参照寄存、领取服务的有关条款进行。

（6）帮助客人把行李送到指定地方，并礼貌地向客人道别（注：当客人的行李寄存时间早已过期，但无人领取时，行李员应及时汇报领班或大堂副理，并做好登记，由领班或大堂副理查找后联系客人，通知客人及时领取行李。）。

6. 换房行李服务

（1）问清房间号码。接到总台客人换房通知后，问清客人的房间号码，并确认客人是否在房内。

（2）敲门入房。到达客人房门口时，按程序"敲门通报"，经客人允许后方可进入。

（3）点装行李。请客人清点要搬运的行李及其他物品，并将它们小心地装上行李车。

（4）进行换房。带客人进入新的房间后，帮助客人将行李重新放好，然后收回客人的原房间钥匙和住房卡，将新房间的钥匙和住房卡交给客人；向客人礼貌道别，离开房间。

换房行李服务

（5）交还钥匙。将客人的原房间钥匙和住房卡交回接待处，并做好换房行李记录（见表3-5）。

表 3-5　换房行李登记表

日期	时间	由（房间号码）	到（房间号码）	行李件数	行李员签名	楼层服务员签名	备注

项目三　金钥匙服务

一、导入

一次雨天，某酒店的几位客人准备外出办事，由于每间房间配的一把雨伞不够用，于是来到酒店大堂礼宾部要求借几把雨伞。礼宾部的行李员小张在核实了客人的身份后,便将雨伞借给了他们。

几个小时后,几位客人高兴地回来了,但是在客人归还雨伞的时候,问题发生了,行李员发现其中一把雨伞的两根伞骨已经损坏。行李员便按照酒店的规定向客人索赔 30 元。但是客人坚持说借雨伞的时候已经破损了,一时间双方都难以解释清楚。经过多番争辩后,客人也厌烦了,最终表示愿意按照酒店的规定赔偿,但坚持雨伞的损坏与自己无关。此时前厅经理正好路过,在了解情况后,由于分不清雨伞究竟是何时损坏的,为了维护酒店的声誉、争取回头客,前厅经理决定不再要求客人赔偿。

【问题思考】

(1) 租借物品给客人时礼宾员应该怎么做?

(2) 发现租借物品有损坏时责任该如何认定?

【案例分析】

租借物品的时候,行李员一定要仔细检查向客人提供的物品,不能将有丝毫破损的物品租借给客人。

请客人检查租借品,确认无误后,按照规定填写"物品租借单"。

一旦租借物品损坏,酒店首先必须搞清楚物品损坏到底是谁的责任,只有在分清责任的前提下,才能决定是否向客人要求索赔。

(资料来源:曹艳芬,邵晓莉. 酒店前厅服务与管理[M].天津:天津大学出版社,2011.)

二、委托代办服务的准备工作

1. 泊车服务

泊车服务是酒店为客人提供的一项特殊服务,对泊车员素质要求较高,除具备优秀的驾车技术和较强的安全意识外,还应具有高度的责任心和职业道德。

2. 旅游服务

为了满足外地客人旅游的需求,许多酒店的礼宾部都建立了旅游景点和旅行社档案,根据情况推荐和组织客人旅游。

3. 递送转交物品服务

递送转交物品服务的内容主要包括客人的邮件、信件、传真文件、物品,以及酒店的各种报纸、表单等,通常由行李员分送到客人房间。

4. 快递服务

随着快递业务的普及,酒店为方便客人,往往为其提供委托快递服务。

5. 简单店外修理服务

为方便客人,酒店的礼宾部也提供简单的店外修理服务。如当客人的行李箱、旅行袋、照相机、眼镜等物品意外损坏时,可由行李员帮忙修理。店内无法修理的物品需送往店外修理。

6. 订票服务

订票服务是酒店为客人代购机票、车票、船票等的一项服务。特别是在旅游旺季,能为客人代购票成为吸引客人入住酒店的重要原因。

三、金钥匙服务的相关知识

　　金钥匙是一个国际的服务品牌,拥有先进的服务理念和标准,还具有完善的服务网络。国际金钥匙组织起源于法国巴黎,自1929年至今,是全球唯一拥有90多年历史的网络化、个性化、专业化、国际化的品牌服务组织。1997年,我国正式加入该组织,全国绝大多数高星级酒店都是其成员,金钥匙服务已被中华人民共和国文化和旅游部列入国家星级酒店标准。

　　1. 金钥匙的起源

　　金钥匙的原型是19世纪初期欧洲酒店的"委托代办"(concierge)。而古代的concierge是指宫廷、城堡的"钥匙保管人"。这是一个非常法国化的单词,通常被译为酒店里的"礼宾司"。1929年10月6日,11位来自巴黎各大酒店的礼宾司聚集在一起组成了一个协会,建立友谊和协作,这就是金钥匙组织的雏形。协会通过定期的沟通和聚会,互相交流服务的经验与新点子,来提高服务水平。1952年4月25日,欧洲金钥匙组织成立。1972年,该组织发展成为一个国际性的组织。

　　斐迪南·吉列先生为金钥匙事业呕心沥血,是金钥匙组织的主要创始人,并被尊称为"金钥匙之父"(Fathers of LES CLEFS DO'R)。国际金钥匙组织的国际性标志为交叉的两把金钥匙(见图3-4),代表两种主要的职能:一把金钥匙用于开启酒店综合服务的大门;另一把金钥匙用于开启城市综合服务的大门。也就是说,酒店金钥匙成为酒店内外综合服务的总代理。

图3-4　世界金钥匙组织标志

　　中国金钥匙服务最早出现在广州的白天鹅宾馆。1990年4月,广州白天鹅宾馆派前台部的林文杰、李慧广和肖远辉赴新加坡,参加国际金钥匙协会亚洲区总部的成立大会。在同年年底,广州白天鹅宾馆礼宾部叶世豪助理加入了国际金钥匙组织,他是首位中国籍的国际金钥匙组织会员。

　　1995年11月,在广州白天鹅宾馆召开了第一届中国饭店金钥匙研讨会,主题是"奔向

2000 年的金钥匙"，标志着中国饭店金钥匙的诞生。1997 年 1 月，中国饭店金钥匙组织成为国际金钥匙组织第 31 个成员。1999 年 2 月，原国家旅游局正式批准中国饭店金钥匙组织成立，划归酒店业协会管理，名称为中国旅游饭店业协会饭店金钥匙专业委员会。中国金钥匙组织标志如图 3-5 所示。

图 3-5　中国金钥匙组织标志

2. 金钥匙的内涵

金钥匙的内涵主要有以下内容。

（1）金钥匙是现代优质服务的标志。金钥匙的标志由两把十字交叉的金光闪闪的钥匙组成，它代表着酒店委托代办的两种主要职能：一把金钥匙开启酒店综合服务的大门，另一把金钥匙开启该城市综合服务的大门。

（2）金钥匙是酒店顶级专业化服务的代表。该服务的前提是不违背法律和社会道德，目标是竭尽所能提供完美卓越的服务，也就是只要客人能想到的服务我们都能满足。

（3）金钥匙是一个国际性专业化组织。该组织成员掌握了丰富的服务信息资源，具备共同的服务价值观，能为超常服务提供强大的保障；它以个人身份加入组织，是全球酒店专门为客人提供金钥匙服务的国际专业服务民间组织。

3. 金钥匙的服务理念

（1）酒店金钥匙的服务宗旨：在不违反法律和道德的前提下，为客人解决一切困难。

（2）酒店金钥匙为客人解难，"尽管不是无所不能，但一定要竭尽所能"，要有强烈的为客服务意识和奉献精神。

（3）金钥匙服务哲学：先利人、后利己，用心极致、满意加惊喜，在客人的惊喜中找到富有人生。

（4）金钥匙品牌座右铭：信念、荣誉、责任、友谊、协作、服务。

（5）金钥匙服务的五个提前：提前沟通、提前计划、提前安排、提前落实、提前检查。

（6）中国金钥匙组织文化：平等的人格，自由的思想，严明的纪律。

（7）酒店金钥匙三个关键：来得顺利、住得舒适、走得高兴。

（8）金钥匙服务系统——E-con 礼宾服务系统。

什么是金钥匙

4. 金钥匙的服务内容

金钥匙的服务内容很广泛：向客人提供市内最新的流行信息、时事信息和举办各种活动的信息，并为客人代购歌剧或足球赛的入场券；为团体会议制订计划，满足客人的各种个性化需求，包括安排正式晚宴；为一些大公司设计旅程；照顾好客人的子女；甚至可以为客人把金鱼送到地球另一边的朋友手中。

金钥匙服务

酒店金钥匙的一条龙服务正是围绕着客人的需要而开展的。例如，从接待客人订房、安排车到机场、车站、码头接客人；根据客人的要求介绍各类特色餐厅，并为其预订座位；联系旅行社为客人安排好导游；当客人需要购买礼品时帮客人在地图上标明各购物点等。最后当客人要离开时，在酒店里帮助客人买好车、船、机票，并帮客人托运行李物品；如果客人需要，还可以订好下一站的酒店并与下一站酒店的金钥匙落实好客人所需的相应服务。

简单来说，金钥匙就是酒店的委托代办服务，隶属于各酒店前台礼宾部，它既是酒店内综合服务的代理，也是酒店内外旅游综合服务的代理。好的酒店都拥有自己的"首席礼宾司"，金钥匙是礼宾司的首领，客人可以通过他佩戴在衣领上交叉成十字型的金钥匙徽章辨认出来。两把交叉的金钥匙意味着尽善尽美的服务，意味着此人能满足客人在旅途中的各种需求。金钥匙被有经验的旅游者和商务人士描绘成"万能博士及某些方面的专家"，只要客人所提的要求在正常的范围内，金钥匙都可以提供帮助。

金钥匙代表了酒店的最高服务，绝不能将其看成一个工作技能的标志，它应该有更丰富的内涵，特别是对于现代社会，一方面，快节奏的生活要求酒店提供更加便利、更加个性化的服务；另一方面，现代先进科技的使用拉大了人与人之间的距离，使得人们更渴望人对人的服务、人对人的关心、人对人的亲切。这一切，正是金钥匙日常工作的重点，通过金钥匙的这种人性化的服务形成了酒店的特殊氛围，创造了酒店文化，这也正是酒店服务业提升吸引力和竞争力的关键。

在中国的一些大城市里，金钥匙委托代办服务被设置在酒店大堂，他们除了照常管理和协调好行李员和门童的工作外，还负责许多其他的礼宾职责。

中国酒店礼宾金钥匙服务项目如下。

（1）接：指的是金钥匙到机场、车站、码头，或是在酒店、岗位或指定地点，接客人进入酒店、客房、会场或特定场所的过程。

（2）送：指的是金钥匙送客人到机场、车站或码头，送客人离开酒店、餐厅、会场，以及送餐、送信、送物品等，送的范围不仅限于本市内，甚至包括其他城市。

（3）买：指的是金钥匙接受委托，代客人买交通票（机场、车票、船票）、旅游票（演出票）、食品、药品、日用品、鲜花等，并交给客人或放入房内。

（4）印：指的是打印、复印、印名片、刻章等。

（5）修：指的是帮客人修补物品，包括手表、眼镜、小电器、行李箱、鞋等，也包括更换配件、维修配件、根据功能改修，维护和恢复，维护、保养、修理等。

（6）订：既指金钥匙帮助客人代订机票、车票、船票、门票、入场券等票务项目，也指帮助客人代订酒店、用餐、接送、医疗、旅游、按摩等体验服务项目。

（7）寄：指的是酒店金钥匙帮助客人寄存物品，也指金钥匙帮助客人代寄邮件、包裹、特快专递等。

（8）取：指的是酒店金钥匙去机场、车站或码头帮助客人代取行李、货物、客票等物件，也指金钥匙帮助客人去邮局代取邮件、包裹等。

（9）代：指的是金钥匙帮客人代办签证、旅游、长住客人度假安排等事宜,也包括代客购物等行为。

（10）租：指的是金钥匙帮助客人代租自行车、自驾车、计算机、照相机、移动电话、婴儿车等物品的服务。

5. 金钥匙从业人员的素质要求

金钥匙要以其先进的服务理念、真诚的服务思想、通过其广泛的社会联系和高超的服务技巧为客人解决各种各样的问题,创造酒店服务的奇迹。因此,金钥匙必须具备很高的素质。

金钥匙的素
质要求

1）中国酒店金钥匙会员的任职资格要求

（1）在酒店大堂柜台前工作的前台部或礼宾部高级职员才能被考虑接纳为金钥匙组织的会员。

（2）年龄在 23 岁以上,人品优良,相貌端庄。

（3）具有酒店业从业 5 年以上的(其中 3 年必须在酒店大堂工作)为酒店客人提供服务的工作经历。

（4）必须有两位国际金钥匙组织中国区正式会员的推荐信。

（5）一封申请人所在酒店总经理的推荐信。

（6）过去和现在从事酒店前台服务工作的证明文件。

（7）掌握一门以上的外语。

（8）参加过由"国际金钥匙组织"中国区组织的酒店金钥匙服务培训。

2）思想素质要求

（1）遵守国家法律、法规,遵守酒店的规章制度,有高度的组织纪律性。

（2）敬业乐业,热爱本职工作,有高度的工作责任心。

（3）遵循"客人至上,服务第一"的宗旨,有很强的顾客意识、服务意识。

（4）有热心的品质,乐于助人。

（5）忠诚。即对客人忠诚,对酒店忠诚,不弄虚作假,有良好的职业道德。

（6）有协作精神和奉献精神,个人利益要服从国家利益和集体利益。

（7）谦虚、宽容、积极、进取。

3）能力要求

（1）交际能力：亲切和蔼、举止专业、大方有礼、乐于和善于与人沟通。

（2）语言表达能力：语言表达清晰、准确。

（3）协调能力：能正确处理好与相关部门的合作关系。

（4）应变能力：能把握原则,以灵活的方式解决问题。

（5）工作能力：有耐心,热爱本职工作。

（6）身体健康,精力充沛,能适应长时间站立工作和户外工作。

4）业务知识和技能要求

（1）熟练掌握本职工作的操作流程,会说普通话和至少掌握一门外语,掌握中英文打字、计算机文字处理等技能。

（2）熟练掌握所在酒店的详细信息资料,包括酒店历史、服务时间、服务设施、价格等。

（3）熟悉本地区三星级以上酒店的基本情况,包括地点、主要服务设施、特色和价格水平。

（4）熟悉本市主要旅游景点,包括地点、特色、开放时间和价格,能帮助客人安排市内旅游行程,掌握其线路、花费时间、价格、联系人。

（5）掌握本市高、中、低档的餐厅各 5 个（小城市 3 个）,娱乐场所、酒吧各 5 个（小城市 3 个）,包括地点、特色、服务时间、价格水平、联系人。

（6）熟悉本市的交通情况,掌握从本酒店到车站、机场、码头、旅游点、主要商业街的路线、路程和出租车价格。

（7）能帮助外籍客人解决办理签证延期等问题,掌握有关单位的地点、工作时间、联系电话和手续。

（8）能帮助客人修补物品,包括手表、眼镜、小电器、行李箱、鞋等,掌握这些维修处的地点、服务时间。

（9）能帮助客人邮寄信件、包裹、快件,掌握邮寄的要求和手续。

（10）能帮助客人查找航班托运行李的去向,掌握相关部门的联系电话和领取行李的手续。

（11）掌握礼仪知识（中西餐、商务礼仪、外事礼仪、宗教礼仪等）。

6. 金钥匙的培训要点

（1）团队精神的培训。酒店金钥匙提供的一系列服务需要各部门、各人员的通力合作,才能保证服务的高效率、高质量。

（2）对酒店功能的了解。酒店金钥匙不仅要知道自己能做什么,更要知道谁能做什么。

（3）外语的培训。酒店金钥匙应熟练掌握一至两门外语,尤其需要在口语和听力方面加强训练,既要能听懂客人的要求,又要能清楚地表达自己的意图。

四、业务实训

1. 泊车服务

（1）当客人驾车来到酒店,泊车员应主动向客人问好,接过客人的车钥匙,并将车钥匙寄存牌给客人,同时提醒客人带上随身物品,然后将客人的车开往停车场。

（2）泊车员停车时应注意车内有无贵重物品和其他物品遗留,车辆有无损坏。

（3）停车后应及时将停车位、车号、经办人等内容填写在工作记录本上。

（4）当客人需要用车时,请客人出示寄存牌,核对无误后,泊车员去停车场将客人的汽车开到酒店大门口交给客人,并在记录本上注明具体时间。

2. 旅游服务

（1）登记客人的姓名、房号、日期及人数,了解客人的旅游需求。

（2）结合客人需求向其推荐有价值的旅游线路。

（3）帮助客人联系声誉较好的旅游公司或旅行社。

（4）告知客人乘车地点及准确时间。

（5）向客人说明旅途注意事项。

3．递送转交物品服务

1）递送物品服务

（1）行李员应按当日客房状况显示的住店情况递送客房报纸。

（2）递送住客邮件、传真时，应先按铃或敲门，主动问候、签收。

（3）递送留言时，可从门缝塞进去，以免打扰客人。

（4）客人暂时不在房间时，应作留言提示。

（5）对没有收件人的邮件，经反复核准后予以退回邮局。

2）转交物品服务

（1）接受物品时，首先要确认本店有无此客人，然后请来访者填写一式两份的委托代办单，注明来访者的姓名、地址、电话号码以便联系，还要注明转交物品的名称和件数。

（2）接受物品时一定要认真检查，并向来访者说明不转交易燃易爆、易腐烂物品。

（3）如果是住店客人转交物品给来访者，则要请住店客人写明来访者的姓名。待来访者来领取时，要请他出示证件并签名。

4．快递服务

（1）接到酒店客人快递服务要求时，应仔细了解物品种类、重量及目的地。

（2）向客人说明有关违禁物品邮件的限制。

（3）如为国际快递，要向客人说明海关限制和空运限制。

（4）提供打包和托运一条龙服务。

（5）为快递公司上门收货作衔接。

（6）记录托运单号码。将托运单交给客人，并收取所需费用。

（7）贵重或易碎物品交专业运输公司托运。

5．简单店外修理服务

（1）弄清客人期望的修复要求、时间及费用。将物品包装放好，及时送到店外修理。

（2）在接受及交还修理物品时，均应作记录，并请客人签名。

（3）酒店往往只收取实际发生的维修费用及必要的交通费用。

6．查询服务

礼宾部经常会接收打听住店客人情况的问询，在处理这类情况时，礼宾员的第一要务是确保住店客人的隐私安全。住店客人的隐私安全包括该客人是否在任何时间段入住酒店，客人的房间号码、同行者、出行目的、消费情况等。即便客人没有要求保密入住，礼宾员也应该时刻保持警惕，避免意外泄露客人隐私而造成损害。礼宾员应首先与询问者确定具体信息，并在系统中查询，然后根据具体情况区别对待。

（1）客人是否入住本酒店。若问询者明确掌握住客动向、身份等，则可以透露此类信息。可以通过查阅计算机确定客人是否已入住；查阅预抵客人名单，核实该客人是否即将到店；查阅当天已结账的客人名单，核实该客人是否已退房离店；查阅今后的客房订单，了解该客人今后是否会入住。

如客人尚未抵店，则以"该客人暂未入住本店"答复访客；如查明客人已退房，则向对方说明情况。已退房的客人，除有特殊交代者外，一般不应将其去向及地址告诉第三者，公安检察机关除外。

如问询者对信息掌握不足,或不能确定是否安全的,应告知暂时未查到该入住者,可请询问者留下联系方式,并立即通知入住客人。

(2) 客人入住的房间号码。为住店客人的人身财产安全着想,礼宾员不可将住店客人的房间号码告诉第三者,如要告诉,则应取得住店客人的许可或让住店客人通过电话与访客预约。

(3) 客人是否在房间。面对这一问题,礼宾员要先确认姓名、房间号码与系统中在住客人是否符合,若符合则问清访客身份,再打电话给住店客人。如住店客人在房内,征求其意见;如住店客人已外出,则征询访客意见,是否需要留言。

(4) 住店客人是否有留言给访客。有些住店客人在外出时,可能会给访客留言或授权。授权单是住店客人外出时允许特定访客进入其房间的证明书。礼宾员应先核查证件,待确认访客身份后,按规定程序办。

(5) 打听房间的住店客人情况。礼宾员应为住店客人保密,不可将住店客人的姓名及其单位名称告诉对方,除非是酒店内部员工由于工作需要的咨询。

(6) 电话查询住店客人情况,应注意以下问题。

① 问清客人的姓名,如果是中文姓名查询,应对容易混淆的字,用词组来分辨确认;如果是英文姓名查询,则应确认客人姓(Surname/Last name)名(First name)的区分。

② 如果查到了客人的房间号码,并且客人在房内,应先了解访客的姓名,然后征求住店客人的意见,看其是否愿意接听电话,如同意,则将电话转接到其房间;如住店客人不同意接听电话,则告诉对方住店客人暂不在房间。

③ 如查到了客人的房号,但房间没人听电话,可建议对方稍晚些再打电话来,或建议其电话留言,切记不可将住店客人的房间号码告诉对方。

④ 如查询团体客人情况,要问清团号、国籍、入住日期、从何处来(上一站)到何处去(下一站),其他做法与散客一致。

7. 留言服务

留言服务是前厅部的一项主要工作,也是酒店主动为客人提供服务的一个范例。访客到来,住店客人不在房间,礼宾员可以建议访客在大堂等候,或征求其意见是否需要留言。有电话找住店客人,但住店客人不在房间时,总机、礼宾员应告知对方房间没人接听,然后征询其意见是否需要留言;有些酒店当房间无人接听电话时,电话线路会主动跳回礼宾台,而不再经过总机。有时住客与来访者事先有约,但又有事须马上外出时,也会给访客留言。

酒店留言服务可由人工提供或计算机处理,无论按何种方式处理,一定要准确、及时地将留言通知到相关客人,否则就会引起客人的不满,甚至投诉。

1) 处理留言服务的程序

酒店的留言服务可以分为4种情况:访客(或来电)给住客留言、访客(或来电)给暂未入住客人留言、住店客人给访客留言及酒店给住店客人留言。礼宾员处理留言服务的程序如图3-6所示。

2) 访客留言

访客留言是指访客对住店客人的留言。礼宾员在接受该留言时,应请访客填写一式三联的"访客留言通知单"(见图3-7),然后将被访者客房的留言灯打开,将填写好的访客留言单第一联放入钥匙邮件架内,第二联交由行李员送往客房,第三联送电话总机组。为此,客

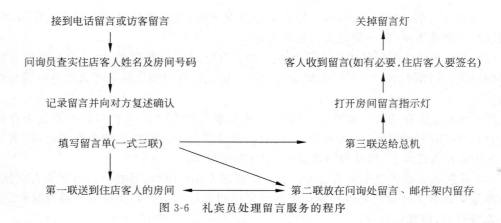

图 3-6 礼宾员处理留言服务的程序

人可通过三种途径获知访客留言的内容。当了解到客人已收到留言内容后,话务员或礼宾员应 及时关闭留言灯。

访客留言通知单

先生MR.
TO女士MRS._____

小姐MISS

房号ROOM NO._____ 时间TIME_____

日期DATE_____

贵客有一电话来自YOU HAVE A TELEPHONE CALL

先生MR

女士FROM MRS

小姐MISS

电话号码TEL NO._____ 地点PLACE_____

令友并无留言□ PARTY LEFT NO MESSAGE

令友将再给你电话□ PARTY WILL CALL YOU AGAIN

请你打电话去□ PLEASE RETURN CALL

令友曾到访□ RARTY CAME TO SEE YOU

令友再次来访□ PARLY WILL COME AGAIN

电讯包裹□ TELEX/PARCEL

留言内容MESSAGE_____

_____

谢谢THANK YOU

经办人CLERK_____

图 3-7 访客留言通知单

3）住客留言

信客留言是住店客人给访客的留言。客人离开客房或酒店时,希望给来访者留言,礼宾员应请客人填写"客人对外留言通知单"（见图 3-8),一式两联,礼宾部与电话总机各保存一联。若有来访者,礼宾员或话务员可将留言内容转告来访者。由于客人留言单已注明了留言内容的有效时间,若错过了有效时间,仍未接到留言者新的通知,可将留言单作废。此外,为了确保留言内容的准确性,尤其在受理电话留言时,应注意掌握留言要点,做好记录,并向对方复述一遍,以得到对方确认。

```
                    客人对外留言通知单
日期:DATE
先生、女士、小姐MR.MRS.MISS
序号:ROOM NO.
何处找我
WHERE TO FIND ME
致:先生、女士、小姐
TO:MR.MRS.MISS_____
从____点至____点
FROM_____AM/PM TO_____AM/PM
我将位于:
I WILL BE AT:
咖啡厅COFFEE SHOP        大堂THE LOBBY
烤肉馆GRILL ROOM         健身房LOBBY BAR
歌厅THE SONGBIRD         宴会厅BANQUET HALL
广式餐厅CANTONESE R.      日式餐厅JAPANENESE R.
OTHERS:其他_____
留言内容 MISSAGE_____
_____
谢谢THANK YOU
                              经办人CLERK_____
```

图 3-8 客人对外留言通知单

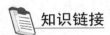

知识链接

VIP 接待中的金钥匙服务

按照传统服务观念,酒店只为走进酒店消费的客人提供服务,而引进金钥匙服务理念后,酒店开拓了一个全新的服务空间,扩大了服务的内涵和外延。要把与酒店有联系的人都看作客人,让客人一接触到酒店的人、事、物,就能享受到最好的服务,从而培养一批忠实的客人。虽然这种认识还没有普及,但酒店正尝试着在 VIP 客人接待中运用金钥匙理念,并总结出以下经验。

一、对 VIP 客人的迎接

1. 存在的问题

过去,酒店在迎接 VIP 客人的到来时,通常召集各部门负责人,在感应门内两侧列队欢迎,这样虽显得隆重,但存在不少弊端,具体如下。

(1) VIP 客人下车后,第一眼看到的并不是很多人迎接他,而是门外没有人迎接他,一进门刚一定神,却又发现许多人在用掌声欢迎他,先冷后热,使得客人对酒店的第一印象不好。

(2) 接待 VIP 客人的过程,也是各部门为做好接待准备最忙乱的时候,这时把各部门最有经验的总指挥调离阵地,到大堂里去毫无意义地等待一个小时又一个小时的,无疑是舍本逐末。

(3) 在酒店大堂门口迎接 VIP 客人的都是酒店里的主要负责人、经理等,但由于客人不认识他们,因此客人未必会领酒店的情。

2．正确的接待方法

中国传统礼仪是到正门外迎接,但对非常重要的客人,到路上去接,这样才显得隆重。基于对中国传统礼仪的继承与发展,目前很多接待 VIP 客人的服务从机场就开始,由金钥匙全程跟进,随时发现客人的需求,并协调各部门予以满足。具体而言,正确的接待方法如下。

(1) 金钥匙第一个出现在 VIP 客人身边,全程跟进服务,并将店内的迎接从感应门内(正门内)延伸到感应门外(正门外),甚至延伸到机场。VIP 客人一下机、一下车时就鼓掌、握手、献花,然后簇拥着 VIP 客人进入酒店相关区域,再由相关区域负责人上前亲自服务。这样层层递进,在各个区域都体现出最高规格的接待。

(2) 每次 VIP 客人接待,酒店营销部都派专人负责给 VIP 客人摄影录像留念,逐步建立起 VIP 客人到店的客史档案。

(3) 抽调几名服务员成立礼仪小组服务队,VIP 客人进店时,礼仪小姐引领在前,而不是像过去那样由管理人员匆匆引领。现在,管理人员簇拥在 VIP 客人周围就可以了。

二、对 VIP 客人的欢送

1．存在的问题

过去,酒店对 VIP 客人的接待往往有头无尾,重接不重送。送也只是召集各部门负责人站在正门口鼓几下掌,毫无特色和程序可言,同时也存在弊端,VIP 客人出房间,上、下电梯,进大堂都觉得冷冷清清,没人簇拥,与来时形成强烈反差;到酒店门口时,才看见几位穿着各种服装的陌生人员在鼓掌欢送,丝毫感觉不到亲切和被尊重。

2．正确的接待方法

(1) VIP 客人一出房间,金钥匙已在门口等候,还有部门负责人依次握手相送,行李员随后提着行李,簇拥着客人下电梯。

(2) 酒店礼仪小组献花或赠送其他纪念品,相关领导已在电梯两旁迎接,簇拥着 VIP 客人进大堂、出正门、上车,酒店人员列队纷纷挥手相送,同时军乐声响起。此外,金钥匙随行送到机场。

(资料来源：http://www.fjjdrcw.com/Article/7892.html)

【思政园地：案例分析】

一位客人来到酒店礼宾部想要寄存行李,礼宾员小李接待了他。

客人跟小李说:"我在你们酒店入住过几次了,你们礼宾员都熟悉的,今天我外出办事需要寄存行李,我赶时间就把行李放这里吧。"

1．因为与客人"熟",礼宾员小李可以省略行李寄存手续吗?

2．省略行李寄存手续会给酒店和客人带来哪些不必要的麻烦?

3．从礼宾服务过程中,礼宾员要具有高度的工作责任心、乐于助人的态度等角度来分析,遇到这种情况,你该怎样处理以免引起不必要的纠纷?

小　结

礼宾服务就是要以礼待客,时时刻刻以发现客人的需求并满足客人的需求为工作原则。作为酒店前厅服务的"窗口",礼宾服务是给客人留下"第一印象"和"最后印象"的关键服务阶段。要做好礼宾服务,不仅要掌握相应的服务程序和标准,更要有强烈的对客服务意识,那就是"尽管不是无所不能,但一定要竭尽所能"。

课 外 思 考

1. 门童在迎接和送别乘车散客时,应注意哪些服务细节?
2. 散客和团队抵店时的行李服务程序分别是什么?
3. 如何做好客人存取行李服务?
4. 申请金钥匙会员需具备什么资格?
5. 金钥匙服务包括哪些内容?

课 后 作 业

一、单选题

1. 下列门童的做法欠妥的是(　　)。
   A. 准确、及时地提供开门、拉门服务　　B. 记录客人乘坐的出租车牌号
   C. 长时间与客人聊天　　D. 劝阻仪容不整者进入大堂

2. 行李员引领客人去房间时,下列做法不恰当的是(　　)。
   A. 到达客房门口时,请客人先进房间
   B. 如在夜间,行李员应先进房间开灯
   C. 进入房间后,将行李放在地上
   D. 在去客房途中,应利用合适机会向客人介绍酒店设施

3. 散客离店行李服务中不包括(　　)。
   A. 代为客人退房　　B. 与客人当面确认行李件数
   C. 到客人房间取行李　　D. 搬运行李,将行李装上车

4. 在办理客人的行李寄存时,下列做法中不恰当的是(　　)。
   A. 酒店只为住店客人提供此项服务　　B. 问清客人的要求
   C. 填写工作记录　　D. 在寄存卡上应当注明寄存时间

二、问答题

1. 门童有哪些日常工作?
2. 运送团队行李有哪些要求?
3. 如何处理行李箱送错和行李丢失的问题?
4. 寄存行李要注意哪些事项?
5. 委托待办有哪些服务?

模块四

总 台 服 务

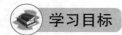 **学习目标**

知识目标：掌握接待前准备工作、客人入住登记工作；熟悉相关表格；理解前厅接待工作的意义和在酒店经营中的作用。了解不同的结账方式，掌握结账离店的基本程序。掌握贵重物品的寄存和外币兑换服务的程序。

能力目标：能够运用所掌握的入住接待程序和方法，熟练地为客人办理入住登记手续、钥匙制作等相关事宜；能够主动跟客人沟通，推销酒店产品；能够在接待工作中解决所遇到的问题；能为客人高效、准确地办理结账手续；在办理离店结账服务中能够处理客人提出的问题。

课程思政：文明礼貌、优质服务；团结协作、顾全大局；遵纪守法、诚信待客；真诚守信，甘于奉献。

项目一 入住接待服务

一、导入

一天上午，一位韩国客人来到酒店的收款台办理退房手续。收款员小林热情地接待，并迅速打印出房费账单，递给客人。客人看罢，说道："我们只住了一间房间，为何要付两间的房费？"小林请客人稍等，立即核实这两间房，发现其中一间房确实未曾入住过。小林向大堂值班经理汇报，值班经理通过了解，得知客人在抵店开房时，由于双方沟通上的误会，导致客人只要一间房，前台接待员小王却为客人错开了两间房。同时，客人在酒店 A 楼前台办理入住手续，但住房却在 B 楼，所以客人到 B 楼前台领取了钥匙，不过只领取了一把。在客人入住后的第二天，清扫员发现有房未住过客人，于是将情况反映给客房中心并通知前台。前台在核查后，发现该房并未退房且仍有押金，故而未再追究。在了解基本情况后，值班经理立即通知收银员只收取一间房的费用，同时向客人表示歉意，取得客人谅解，使客人满意地离店。

【问题思考】

（1）为什么会发生错开两个房间的情况？

（2）散客入住接待过程中应该注意哪些方面？

【案例分析】

从整个接待过程来看,酒店存在三个环节的问题。

(1)前台接待员小王没有与客人确认好租房情况,导致错开了两间房。

(2)B楼前台接待员不细心。虽然接到A楼前台通知的两间房,但是在客人只领取了一把钥匙后,并未与客人再次确认租房情况,没有起到弥补作用。

(3)客人入住后的第二天,清扫员将未住过客人的房间情况反馈给客房中心,并通知前台,前台核查后发现房间有押金且未退房,但前台只考虑到费用足够,没有进一步追究房间未使用的原因,并且没有主动与客人联系沟通。

如果酒店接待员在接待客人的每一个环节中都能细心些,这个错开房间的误会是完全可以避免的。

(资料来源:曹艳芬,邵晓莉.酒店前厅服务与管理[M].天津:天津大学出版社,2011.)

二、入住接待的准备工作

1.检查仪表仪容

(1)上岗前应按照酒店的规定着工装,服装挺括、整洁,皮鞋光亮;工号牌佩戴在左胸前;头发干净整齐,男员工头发不过衣领、不留胡须,女员工头发不得过肩,过肩的需将头发盘起。

(2)在岗时坚持站立服务,站姿规范端正,保持自然亲切的微笑,任何时间都不得随意离开岗位。

(3)礼貌周到,待客和气,见到客人主动打招呼,对客人用敬语,语言规范、清晰,如遇自己工作繁忙,应请客人稍等。

(4)热情接待客人,用相应语言接待中外客人,提供周到、细致的服务。

(5)态度和蔼、亲切,切勿谢绝客人,应使客人感到亲切、愉快。

(6)为客人办理入住登记手续应服务快捷、准确。

2.接待信息资料准备

在帮助客人办理入住登记手续或分配客房之前,接待员必须掌握以下接待工作所需的信息。

(1)房态和可供出租的客房情况(room status and availability)。在客人到店前,接待员必须获得较为具体的房态报告。房态报告上会标明实房(入住房)、未清扫的空房、OK房(可随时出租的空房)、预留房及坏房(待维修房)的房号。

(2)预抵店客人名单(expected arrivals list,EA List)。通过查阅预抵店客人名单,接待员需掌握住店客人的一些基本信息,如客人姓名、客房需求、房租、离店日期、特殊要求等。

在核对房态报告和预抵店客人名单时,作为接待处的管理人员,应该清楚以下两件事情,并采取相应的措施:①酒店是否有足够的房间去接待预抵店客人;②酒店还剩余多少可供出租的房间去接待无订房预约而直接抵店的散客(walk-in guests)。

(3)预抵店重要客人名单(VIP EA list)。酒店常为重要客人提供特别的服务,如事先预订客房、免费享受接机服务、在客房办理登记手续及安排人迎接等。由于以上客人较为重要,酒店常把预抵店客人的信息发送给前厅各岗位及酒店相关对客服务部门,让他们在接待服务过程中多加留意。

（4）客人历史档案（guest history record）。客人历史档案简称"客史档案"。高星级酒店均建立客史档案，在计算机的帮助下，接待员很容易查到客人在酒店的消费记录，只要客人曾经在该酒店住宿过，根据客人的历史档案情况，即可采取适当措施，为客人提供个性化服务。

（5）黑名单（black list）。黑名单即不受酒店欢迎的人员名单，主要来自以下几个方面：①公安部门的通缉犯；②当地酒店协会会员、大堂副理记录的有关人员；③财务部门通报的走单（逃账）客人；④信用卡黑名单。黑名单是需要有权限的专人负责录入到酒店信息管理系统的，一线员工进行身份证扫描时会自动提示。

3. 其他准备工作

（1）预先分配房间。为方便客人，并对客房分配进行有效管理，对上门散客或者当天在前台预订的客人，接待员应根据预订确认书中的订房要求，提前制订客房预分方案。

（2）检查预留房状况。对于给客人预留的房间，接待员要与客房部保持密切联系，注意掌握客房状况的变化情况。

（3）准备好入住登记所需的表格，准备好房卡，查看客人是否有提前到达的通知等。

（4）管理人员坚持在服务现场督导，每天做好岗位考察记录。

（5）做好交接班记录，交接工作清楚、准确、及时、无差错。

三、入住接待的相关知识

总台接待的主要工作内容包括为客人办理住宿登记手续（check-in）、修改客单、更换房间、调整房价、客人续住、取消入住、延迟退房等。

1. 入住登记的目的

对酒店前厅部来说，入住登记是对客服务全过程的一个关键阶段，这一阶段的工作效果直接影响前厅的销售客房、提供信息、协调对客服务、建立客账与客史档案等工作，其主要目的如下。

（1）公安部门的要求。出于国家及公众安全的需要，各国警方及公共安全部门都要求客人在住宿时办理住宿登记手续。

（2）获得住店客人的个人资料，这些资料对酒店的经营与服务工作是至关重要的。

（3）与客人确认关于客房与房价的信息。

（4）向客人推销酒店的服务与设施。

2. 房态分类

（1）空房（vacant room）：已完成清扫整理工作，可随时出租的房间。

（2）住客房（occupied room）：该客房已出租，住店客人正在使用，尚未离店。

（3）走客房（checkout room）：客人已结账离店，待清扫或正在清扫的房间。

（4）待修房（out of order room）：因房间设施设备故障，待修或正在修理而不能出租的房间。

（5）维修房（out of service）：轻微坏房，一般用于节能封锁房。

（6）保留房（blocked room）：为接待会议、团队或重要客人而提前预留的房间。为客人保留客房时，接待员应熟悉预订资料，弄清保留的原因及客人情况，并填写保留房记录簿。

此外,对于下列几种状态的客房,客房部在查房时,应注意掌握并通知前台。

(1) 外宿房(sleep out room):客人在外留宿未归,前台接待员应做好记录并通知大堂副理及客房部,大堂经理会双锁客人的房间,以保证该客房安全,待客人返回时,大堂副理为客人开启房门。

(2) 携少量行李的住客房(room occupied with light luggage):住店时只携带少量行李或不带行李的客人所住的客房。为防止逃账等意外情况,客房部应将此情况通知前台。

(3) 请勿打扰房(DND):若客房门口"请勿打扰"灯亮,或门把手上挂有"请勿打扰"牌,服务员则不能进房间提供服务。所以,有必要对此种客房状况加以关注。超过酒店规定时间,应由前台或客房部打电话与客人联系,以防客人发生如患急病等意外事件。

(4) 酒店自用房:酒店临时自用或给酒店内部接待客人用的房间。

四、业务实训

1. 填写入住登记表

正确填写入住登记表需要注意以下几点。

(1) 房号:便于查找、识别住店客人及建立客账,保障客人安全。

(2) 房价:是结账、预测客房收入的重要依据。

(3) 抵/离店日期:正确记录客人抵/离店日期,对结账及提供邮件查询服务是非常必要的。

(4) 通信地址:掌握客人准确的通信地址,有助于客人离店后的账务及遗留物品的处理,还有助于向客人提供离店后的邮件服务及向客人邮寄促销品等。

(5) 接待员签名:可以加强员工的工作责任心,是酒店质量控制的措施之一。

2. 散客入住接待服务

总台接待业务主要指为客人办理住宿登记工作。客人的住宿登记工作是由总台接待员(receptionist)负责办理的。接待员要向客人提供住宿登记表,负责查验客人有关证件,为客人开房,并指示行李员引领客人进客房。受理散客入住接待的基本流程如图 4-1 所示。

图 4-1 散客入住接待的基本流程

无预订散客入住登记程序

(1) 主动问候客人,表示欢迎。客人到达总台时,接待员应面带微笑向客人问好致意,以示真诚,并表示乐于为客人提供服务。如果已经知道客人的姓氏,应带姓称呼客人。比如,当拿到客人的身份证件后,确认是本人时,就应该带姓称呼。

(2) 识别客人有无预订,与客人确认离店日期。为客人办理住宿登记时,接待员应首先询问客人是否已订房。

① 对于已经订房的客人,接待员应核对当日抵店客人名单,从酒店信息管理系统中迅速查到客人姓名,调出订房资料,复述订房要求,特别是房间类型、住宿天数以及价格。

② 对于已付订金的客人,应向客人确认已收到的订金数额。

③ 对于未预订而直接抵店的客人,问清其用房要求,确定有无满足客人要求的房间可供出租,并根据酒店客房使用情况,用建议的方式向客人推销客房,为客人选房。如果不能

散客入住服务酒店实操

满足客人的要求,也应设法为客人联系其他酒店,主动帮助客人,以塑造酒店在客人心目中的良好形象。

(3) 查验证件并填写住宿登记表。在办理入住登记的过程中,花费时间最多的步骤是填写登记表,接待员应在保证质量的前提下,千方百计地为长途旅行的客人减少办理入住登记的时间。对于已办理预订手续的贵宾或常客,由于酒店已掌握较完整的资料,因此,准备工作可以做得更充分、更具体,提前准备登记表、欢迎卡、房卡,经查验身份证件后,只需在登记表上签名确认即可。通常酒店接待贵宾时均提供专人引领,先进房间,享受在房内办理登记手续的特殊礼遇。对未办理预订直接抵店的客人,接待员要热情、耐心地提供帮助,尽可能缩短办理登记手续的时间。

① 住宿登记表填写的主要内容及要求。客人到达酒店住宿需要做的第一件事情,就是要在总台办理接待入住登记手续,一般由接待员填写住宿登记表,客人做最后的确认和签字(图4-2)。随着科技的发展,现在大部分高星级酒店采用电子读卡器采集客人身份信息,即将带有芯片的身份证或者护照放置在读卡器上,自动将所有的信息导入到系统,再通过系统打印出来,从而大大提高了办理入住登记的效率。

② 验证。证件种类主要有护照、身份证、军官证、士兵证等(驾驶证不可以办理入住登记)。在查验证件时,要注意证件有无涂改、伪造;核对照片是否与持证人相符;证件的有效期;证件的有效性(身份证有剪角和打孔的为无效证件);内宾客人不能使用个人护照办理入住。外宾客人使用护照,需要查看是否有签证及对应的入境日期和入境口岸。另外应注意的是,在递接证件时应用双手,查验完毕归还证件时应礼貌地带姓称呼,并向客人表示感谢。

(4) 安排房间,确定房价(对上门散客和临时提出要求的预订客人)。接待员应根据客人的住宿要求,为客人安排合适的房间,然后在酒店的价格范围内为客人确定房价,当客人要求折扣时,接待员必须在自己的权限内打折,必要时,可请示上级给予更大的折扣。

① 排房。客人日趋个性化的消费需求以及酒店主题客房的增多,使接待员的排房工作更加复杂,接待员应根据不同客人的喜好与习惯推荐相应的客房。

a. 未预订客人。接待员为没有预订的客人安排房间时,要主动、耐心地询问客人的具体住房要求,在充分了解客人用房需求的基础上,根据酒店的现时房态向客人推荐两种以上不同类型、价格的房间供其选择,并对不同类型房间的状况、特点加以详细介绍,尽量满足客人的各种要求。

有预订散客
入住登记

b. 预订散客。针对预订客人,为减少客人的等候时间,同时方便客房的分配与管理,接待员应在客人抵店之前,根据其订房要求,提前进行房间分配。但酒店内同类型客房也存在差异,如位置、景观、内部装饰等方面,因此,具体的房号一般应在征得客人意见之后再确定下来。同时,接待员在为客人办理入住登记时,应进一步核实客人的订房要求有无变化,并了解客人对客房的具体要求,根据现时客房状况及其他相关因素来为客人安排房间。

c. 已预订的贵宾和常客。对于已预订的贵宾和常客,由于酒店掌握的信息资料多,所以在客人抵店前的准备工作中可以做得更为仔细,接待员可以根据客人的预订单及客史档案中的信息提前填写好登记单及房卡等。当客人抵店时,只要核对证件,即可进入房间。

② 确定房价。客房确定后,接待员就可以在价格折扣范围内,或根据酒店的信用政策规定进行定价。对已办理预订并提前由接待处预留房间的客人,在征求客人意见后确定房号及价格。注意必须遵守预订确认书中已标明的价格。对事先没有预订而直接抵店,尤其

宾客入住登记单

REGISTRATION FORM OF TEMPORARY

预订确认号:　　　　　　　　Comfirmation NO.

中文姓名 Chinese Name		英文姓名 English Name		性别 Gender		
国籍 Nationality		出生日期 Date Of Birth		证件类型 Certificate		
地址 Address				证件号码 Certificate No		
选项填写 Choose&Fill	外国人签证种类，停留有效期 Foreigner.Visa Type.Date Of		签证机关 Issued By		入境时间 Entry Date	
	台湾居民证件有效期 Resident Of Taiwan.Validity Of		职业 Occupation		从何地来 Where From	
	港澳居民证件有效期 Resident Of HK&MC.Validity Of		入境口岸 Entry Port		到何地去 Where To	
房间类型 Room Type		抵店日期 Arrival Date		停留事由 Reason Of		
房间号码 Room No.		离店日期 Departure		您的会员号 Your Member		
房价 Room Rate				您的电子邮箱 Your e-Mail		
接待单位 Reception		付款方式 Payment		您的移动电话 Your Moblie		
加床数 No.Of Exb	加床金额 Cost of Exb		宾客签名 Guest Signature			
备注 Remarks						

本人特此申明:本人将支付并结算住宿期间的所有费用，本人授权酒店将住宿期间产生的全部费用计入本人之信用卡。

I hereby declare to be held personally liable for settlement of all expenses incurred during any stay. I authorize any charge to be debet.

酒店对任何客房内遗失的现金，珠宝或其它贵重物品并不承担任何责任，在前台设有免费使用的保险箱。

The hotel will not be held responsible for any loss of valuable property. Safe deposit boxes are available at the Front Desk, free of charge.

本人在此确认，本人同意使用电子签名签署本人在杭州开元名都大酒店进行登记、消费所签署的一切文本，该电子签名与本人的手写签名具有同等的法律效力;且本人同意本人的电子签名及相关登记消费信息可由杭州开元名都大酒店以数码或其它形式予以储存、管理及使用。

I hereby confirm, I agree to use the E-signature system to sign the all documents regarding my registration and consumption during my the New Century Grand Hotel Hangzhou. This electronic signature has the same legal force as my handwriting signature; I volunteered to the New Century Grand Hotel Hangzhou the rights to keep, manage and use my electronic signature and relevant information regarding consumption in a digital form or any other form.

本人已经知悉并愿意承担使用电子签名所存在的一切风险。

I have been aware of and willing to undertake the all risks of using electronic signature.

前台员工 Check In By _____　　　　　审核员 Verified By _____

贵宾签字 Guest Signature _____

住店客人必须出示身份证在酒店前台办理登机，如有访客请至前台登记。

The hotel guest must present identification while check in,visitors should please register at the front desk too.

图 4-2　宾客入住登记单

是初次到店的客人,根据当时的可租房状况和酒店未来用房需要,热情地向客人推荐、介绍客房并报价和定价。房价确定后,注意应向客人复述价格,以得到客人的确认。

(5)确定付款方式,收取预付款。为了防止有不良记录的客人逃账或损坏酒店的设施设备,同时也为了方便客人在酒店消费,酒店为客人提供一次性结账服务和快速退房的高效率服务。酒店通常都会要求客人在办理入住登记手续时,预付房费(通常为房费总额的两倍),客人所付的预付款由总台结账处负责保管,并向客人出具收据(见图4-3)。

预付款收据Deposit Voucher		
日期Date :	号码No.	
住客姓名Guest Name :	账户号码A/C No.	
	房间号码Room No.	
金额Amount :		
备注Remarks :		
收款人Cashier :		

图4-3　预付款收据

接待员在为客人办理入住登记手续时,应了解客人所使用的付款方式。另外,不同的付款方式所享受的信用限额也是不同的。客人常用的付款方式一般有:信用卡支付、现金支付、电子支付(支付宝、微信)、转账支付、支票支付、有价订房凭证等。

对于一些熟客、常客、公司客等,酒店为了表示友好和信任,通常会给予他们免预付款(押金)的权利。免交预付款(押金)需要由酒店的市场营销部或财务部门的相关人员签发担保书,或由订房部员工在订房单的备注内容中注明方可执行,接待员需灵活处理。

(6)发放房卡,完成入住登记手续。

① 接待员填写欢迎卡和制作房卡,对于某些属于商业机密不宜公开的房价,则不应填写在房卡上,而是标以合同价(contract rate,CR)。

② 在酒店信息管理系统中单击"入住",确保该房的房态变为住房(以避免造成重排房或漏点入住)。

③ 将欢迎卡和房卡双手递给客人,介绍客房所在楼层、指示电梯位置、早餐的用餐时间、早餐厅位置等。

④ 询问客人是否有其他服务需求。

⑤ 安排行李员引领客人到房间及运送行李,如果客人不需要送行李,则应向客人指示电梯的位置。

⑥ 使用礼貌用语与客人道别,并祝客人住店愉快。

(7)传递、储存信息,建立相关表格资料。

① 输入计算机。客人办理完入住登记手续离开总台后,将入住登记表的相关内容输入计算机(比如手机号码,没有电子读卡器的,需要将客人信息手工录入计算机)。

② 传递相关信息。让酒店的各相关岗点知晓该客人入住的信息。

③ 将与该客房客人有关的相关表单都装入专属的客账袋中,比如入住登记单、预订单、押金单、消费账单等。

3．团队入住接待服务

受理团队入住接待的基本流程如图 4-4 所示。

团队入住
服务

图 4-4 团队入住接待的基本流程

1）做好准备工作

（1）根据团队接待任务通知单中的用房、用餐及其他要求，查看酒店信息管理系统的房态信息表，进行预排房（pre-assignment）并确认，打印团体用房分配表。

（2）准备好团体客人信封。信封上标有房号，信封内有房卡及酒店促销品等。团体客人的房卡大多不能签单，房卡姓名栏填写团队名称或者团号。

（3）随时与管家部联系，了解房间的卫生清扫情况。

（4）准备好住宿登记表（图 4-5）和团体入住确认表（账单）。

（5）如果团体客行李已到，则应吩咐礼宾部妥善保管。

（6）将团队用餐安排提前通知餐饮部或有关餐厅，并通知相关部门做好接待准备工作。

Registration form of temporary residence for group

团队名称： Name of group				日期： Date	年 Year	月 Mon	日 Day	至 Till	月 Mon	日 Day

房号 Room No.	姓名 Name In Full	性别 Sex	出生年月 Date of Birth	职业 Profession or Occuration	国籍 Nationality	护照号 Passport No.

签证号码：	机关：	种类：
有效日期：	入境日期：	口岸：

留宿单位：_____ 接待单位：_____

图 4-5 团队客入住宿登记表

2）核对订房内容并登记

（1）团体客人到达后，由团体接待员迎接，如团体人数较多，有必要由大堂副理或客人关系主任出面维持秩序。

（2）弄清团体名称，找出订房资料，与团队领队或陪同人员核对，确认人数、房间数、房间类型、陪床位数、餐饮安排、叫醒时间及出行李时间等，填写团体入住确认表。

（3）查验团体签证或个人身份证件，请团体陪同人员，如导游、领队或会议组织人员等协助团体客人确认入住登记表。

3）发房卡

（1）由团队领队或陪同人员依据名单将房卡分发给客人。

（2）告知领队或陪同人员有关注意事项，如确定叫醒时间、出行李时间、用餐时间、有无特殊需求及领队或陪同的房间号码等。

4）确定付款方式

团体订房单上会标明付款方式，现付或转账。如现付，则应请收银员收款；如转账，则应明确转至何单位，是旅行接待社还是组团社。若转至组团社，团体账单应由全陪签名确认；若转至接待社，团体账单则应由地陪签名确认，最后将账单送交前厅收银员。除此之外，比较常见的方式还有支票和刷卡。

团体入住，接待单位大多只负责房费和餐费，其他费用由客人自理。个别团体客人要求开通房间长途电话，或拥有在酒店消费的签单权，这时则应要求客人事先交纳一定的押金。

5）通知行李员分发行李

将标明房号的团体客名单交行李员，便于行李员分发行李。

6）传递信息

（1）将团队所有办理过登记的房间在酒店信息管理系统中单击"入住"（即更改房间状态），确保其他部门获得团体客人入住的信息。

（2）填写"在店团队统计表"（表4-1）。

（3）完成接待工作后，接待员要将该团队的全部资料集中在一起，将团体接待单、更改通知单、特殊要求通知单、客人分房名单等资料尽快分送有关部门，前台留存该团全部资料。

7）录入信息、制作总账单

将团体入住的相关信息输入计算机，制作团体总账单。

表 4-1　在店团队统计表

序号	团队编号	团队名称	抵店日期	离店日期	客房数	人数			转账款项	自付款项
						外宾	华侨	内宾		
1										
2										
3										

4．入境客人证件识别

（1）护照：外交护照（diplomatic passport）；公务护照（official passport）；普通护照（passport）；特别护照（special passport）；联合国护照（United Nations passport）。

（2）身份证件：海员证（seaman's passport）；港澳居民来往大陆通行证；香港居民来往内地通行证；台湾居民来往大陆通行证；中华人民共和国旅行证；中华人民共和国外国人居留证；中华人民共和国外国人临时居留证（注：内宾使用中华人民共和国居民身份证；中国人民解放军三军总部制发的现役军人身份证件；武警总部制发的武装警察身份证件。）。

（3）签证种类及代码。签证分为四大类：①普通签证；②职业签证；③访问签证；④过境签证。例如：外交签证（W）；公务签证（U）；礼遇签证（Y）；定居签证（D）；职业签证（Z）；学习签证（X）；访问签证（F）；旅游签证（L）；乘务签证（C）；过境签证（G）；常驻我国的外国记者签证（J-1）；临时来华的外国记者签证（J-2）等。

五、VIP 客人的入住接待服务

（一）导入

一日,酒店即将到店的客人中,有两位是某跨国公司的高级行政人员。该公司深圳方面的负责人员专程赴酒店为这两位客人预订了行政楼层的客房,并将该公司其他客人的房间安排在了普通楼层。客人到店之前,相关部门均做好了准备工作。管家部按客人预订要求,提前清洁行政楼层及普通楼层的客房;前台及行政楼层接待处准备好客人的房卡;大堂副理则通知相关部门为 VIP 客人准备鲜花和水果,并安排专人准备接待。然而,就在一切准备就绪,等待 VIP 客人到店之际,其中一位 VIP 客人出现在酒店,并声称已入住在普通楼层的客房。

经过一番查证,发现该客人的确已下榻酒店普通楼层的客房。但这并非客人要求,而是由于接待员的工作失误造成的。原来该 VIP 客人与其他客人一行三人抵达酒店时,前台接待员 A 核实到只有第一位客人的姓名与预订单上客人姓名相符,未进一步在计算机系统中查询另外两位客人的预订,而这三位客人自称来自同一公司,又是一起抵达酒店,A 主观判断是预订单上标示的客人名字出现了偏差,并安排三位客人入住。

A 主观认为是预订单上将客人名字写错,将预订单上的客人名字更改为已入住客人的名字之后,实际应入住普通楼层的客人在抵店时,其中一位接待员 B 无法查到该客人的预订。B 虽然让客人出示该公司名片后确认客人为该公司员工,并马上安排此客人入住,但已使客人对酒店的服务水平产生怀疑。

在查清造成上述错误的原因之后,大堂副理马上与客人联系,但客人均已外出。于是酒店一方面在行政楼层为客人保留了房间,另一方面在 VIP 客人房间内留下一封致歉信,就此事向客人致歉。在接到 VIP 客人回到酒店的通知后,大堂副理亲自向他致歉,并询问是否愿意转回行政楼层。客人在接受酒店道歉之后,表示对下榻客房比较满意,无须再转去其他房间。第二天,当 VIP 客人离开酒店之时,当值大堂副理又专程向客人当面致歉。客人表示并不介意此次不愉快的经历,并很满意酒店对他的重视。

虽然在 VIP 客人入住之时,接待员未仔细查询客人的预订而使客人未按预订入住行政楼层,导致一系列问题的产生。但由于当值大堂副理妥善安排,及时客人致以诚挚的道歉,才使客人接受酒店的致歉,并使此次事件得以顺利平息。

【问题思考】

(1) 怎样避免在接待 VIP 客人的过程中出现问题?

(2) 你认为酒店对这件事该如何处理?

【案例分析】

VIP 客人接待工作的失败主要体现在以下几点。

(1) 对 VIP 客人的接待,当班员工未能引起足够的重视,当值主管未尽其监督之职。

(2) 接待员工作不细致,未在客人抵店时仔细查询客人预订。VIP 客人未入住已准备好的房间,使酒店相关部门为此次接待工作所做的一切准备付诸东流。虽然经酒店方的努力,客人接受了道歉,但此次接待任务的失败势必使客人对酒店的印象打了折扣。

(3) 工作准确性不够。当接待员发现客人名字与预订单不符时,主观判断是预订单上名字写错,将已预订的名字直接更改为当时客人的名字,造成其他员工无法查到已预订普通楼层房间随后到店客人的名字,使该客人无法按预订入住。

（4）此次 VIP 客人接待工作的失败是由于接待员的疏忽造成的,酒店前台接待员应端正工作态度,加强工作的细致性和准确性,以便为客人提供周到、优质的服务。

（资料来源:曹艳芬,邵晓莉.酒店前厅服务与管理[M].天津:天津大学出版社,2011.）

（二）VIP 入住接待的准备工作

1. VIP 接待的岗前准备

（1）查看"次日抵店客人一览表""VIP 客人接待通知单"（见表 4-2）,了解抵店的 VIP 客人的详细情况:客人姓名、国籍、人数、抵离日期、接待单位、订房种类和接待规格等。

（2）按订房要求安排房间,选择同类房间中方位、视野景观、环境和房间保养等最好的客房,并通知客房部进行环境布置、房内物品配备等,并把 VIP 房号通知行李组、电话总机室、保安部等相关部门。

表 4-2　VIP 客人接待通知单

姓名（团体）身份			国籍	
人数	男	女	房号	
抵店日期			班次	
离店日期			班次	
拟住天数			接待标准	
客人要求				
接待单位			陪同人数身份	男: 女:
特殊要求				
审核人			经手人	

备注:

年　　　月　　　日

2. VIP 的迎接准备

（1）将客人登记表、VIP 客人房卡提前制作好,一起装入 VIP 客人欢迎信封。

（2）查看有无客人信件及其他代客收到的物品,转交物品、留言,以便及时转交,并做好记录。

（3）通知房务中心,安排楼层员工迎接客人。

（4）通知餐饮部宴会预订处安排用餐地点、特色菜肴及菜单打印等。

（5）根据 VIP 客人接待规格呈报表（表 4-3）,通知有关部门把水果、鲜花、浴袍、酒水、糕点、巧克力等免费赠品和总经理名片、总经理签字的房卡及酒店推广用的宣传纪念品在 VIP 客人到达前放入客房。赠品的多少由酒店根据 VIP 客人的重要性来定,由订房处或公关部开单供有关部门执行。

（6）VIP 客人抵店前数小时,前台主管与大堂副理应共同检查各项准备工作:水果、鲜花、酒水、糕点、巧克力等免费赠品是否一切到位,房间状态是否正常,礼品发送是否准确无误。

（7）视贵宾的重要程度，组织好大堂副理和员工的欢迎队伍。

表 4-3　VIP 客人接待规格呈报表

贵宾情况				
情况简介				
审批内容	1. 房费：A. 全免　B. 赠送会客室一间　C. 房费按_____折收取 　　　 D. 按_____元收费 2. 用膳：在_____餐厅用餐，标准_____元/人（含/不含饮料） 3. 房内要求：A. 鲜花　B. 小盆景　C. 水果　D. 果盘　E. 葡萄酒及酒杯 　F. 欢迎信　G. 名片　H. 礼卡　I. 酒店宣传册 4. 迎送规格：A. 由_____总经理迎送　B. 由一部总经理迎送　C. 锣鼓迎送 　D. 欢迎队伍 5. 其他			
呈报部门		经办人		部门经理	
总经理批署				

3. VIP 的概念

VIP 即 very important person 的简称。VIP 是酒店给予在政治、经济以及社会各领域有一定成就、影响和号召力的人士的荣誉，是酒店完善标准接待规格服务集中体现酒店优质服务体系的对象。凡是 VIP 客人的入住接待工作都应认真细致、反复检查，不能出现任何差错。

4. VIP 客人的特征

（1）身份、地位和素质比较高。一般情况下 VIP 具有较高的社会地位，并且是给酒店带来荣誉和财富的象征，在酒店服务中，对待 VIP 要像对待领导一样重视。

（2）服务质量要求高。来酒店的客人都会对服务提出各项要求，因为客人购买的就是服务这个产品。作为 VIP，他们希望得到特别的关注，给予特殊的待遇。对此，金钥匙必须给 VIP 提供充分的享受空间，让 VIP 在酒店多一份优越和自豪。金钥匙必须为 VIP 提供全方位、细致入微的服务，以显示 VIP 的身份和地位。

VIP 的等级

（3）个性化服务需求高。不同的 VIP，由于文化背景和生活习惯的不同，对金钥匙的服务要求也有很大区别，因此金钥匙对 VIP 必须懂得宽容和设身处地地为他着想，提供满足需求的个性化服务。

（4）消费档次高。VIP 往往代表着某个企业、地区甚至国家，他们具有固定的消费心理和消费习惯，对消费的档次有相当高的要求。

（三）业务实训——VIP 入住接待服务

1. 迎接客人，办理入住登记手续

（1）客人抵达时，一般贵宾由大堂副理接待即可，如果贵宾身份地位较高，则必须由酒店最高管理层出面迎接。

VIP 客人入住登记

（2）客人抵店时，带姓和头衔称呼贵宾，向贵宾问候，表示热烈欢迎，并向贵宾介绍自己

和在店迎接人员。

（3）由大堂副理或接待人员将贵宾带入房间,并对酒店和房间进行简单介绍,告知客人大堂副理台的服务电话,表达愿为其服务的愿望。

（4）大堂副理将已准备好的入住登记文件夹带进客房(贵宾客人的入住登记单由大堂副理或接待员代为填写),与客人核对证件及确认退房日期后请客人签名确认,离开客房,并预祝客人住宿愉快。

（5）贵宾入住,享受多种优惠,如免交押金、房租免费(complimentary),甚至是全免(all complimentary),具体优惠政策应按酒店贵宾申请单上的待遇执行。

2. 录入信息

（1）办理完入住登记手续后,大堂副理应在值班簿上记录贵宾入住手续办理情况。

（2）接待员将贵宾情况准确录入酒店信息管理系统。

（3）为 VIP 客人建立档案,并注明身份,以便作为预订和日后查询的参考资料。

六、行政楼层服务

行政楼层(executive floor)是现代高档、豪华酒店为接待对服务标准要求高,并希望有良好商务活动环境的高级商务人士等高消费宾客,向他们提供贵宾优质服务而专门设立的特殊楼层。行政楼层通常隶属于前厅部。它有别于普通客房楼层,一般位于酒店的高楼层,被誉为"店中之店",是酒店中的"头等舱",拥有独立的接待处,客人可以在这里快速办理入住和离店手续。行政楼层接待处实行座式接待,客人可在轻松惬意中办理相关手续。

行政楼层的主要设施有以下几个方面。

（1）豪华舒适的客房。行政楼层的客房在硬件配置上讲究豪华与高品质。

（2）办公区域。为商务宾客设置了办公区,一些酒店的行政楼层还设有会议室,以供商务宾客召开会议、进行洽谈。行政楼层的商务中心拥有先进的设备,如复印、打印、装订等设备,解决宾客的商务办公需要。

行政酒廊
服务

（3）行政酒廊。行政楼层一般单设宽敞华丽的行政酒廊,为宾客提供免费早餐、晚间鸡尾酒和全天供应的饮料,配有供浏览阅读的报纸资料,是供宾客放松和休憩的场所。

（4）管家服务。有些酒店行政楼层设立了"专职管家",为宾客提供完备的委托代办服务和其他贴心快捷服务,行政楼层使每一位宾客都能在高贵优雅的环境中受到贵宾般的接待。

1. 行政楼层前台接待服务

凡预订行政楼层的宾客都可以直接在行政楼层快速办理登记入住及结账退房。行政楼层的前台布置精巧,环境温馨,设有沙发等休息座位,"一对一"式的轻松、开放的服务方式更显个性化、更具温馨的感受。

行政楼层前台接待服务操作流程如下。

（1）精心准备。接到宾客预抵信息后迅速找出其预订资料,为其准备欢迎卡、登记表和钥匙卡,通知所在楼层准备欢迎茶水及赠品等。

（2）热情迎候。微笑问候,热情迎接并引领宾客到休息室或行政楼层接待台前。

（3）办理入住。请宾客出示有效证件,并代宾客填写登记卡;确认宾客的入住天数、房间种类、房价、付款方式、离店日期及时间等。请宾客在登记卡上签名确认。在宾客办理入住登记的过程中,上欢迎茶,送热毛巾。

（4）介绍服务。在送宾客到房间之前,介绍行政楼层的设施与服务,包括早餐时间、下午茶时间、鸡尾酒时间、图书报纸赠阅、会议服务、免费熨烫衣服、委托代办服务、擦鞋服务等。引领宾客到房间,简单介绍设施,示范如何使用钥匙卡,并询问是否能给予更多帮助。若宾客抵达恰逢早餐、下午茶、鸡尾酒的服务时间,则应主动邀请宾客入席。

（5）致谢祝愿。询问宾客对房间安排是否满意,需要的话做出适当调整。向宾客表示感谢,并预祝宾客居住愉快。

（6）行李服务。通知行李员,将行李送到宾客房间。

（7）信息归档。将入住信息和宾客资料输入计算机,做好服务的跟踪工作。

2. 行政楼层离店结账服务

行政楼层离店结账服务操作流程如下。

（1）确认预离店宾客信息。根据"预期离店宾客名单"提前一天确认宾客离店时间,确认是否需要行李员服务,确认是否需要安排送机服务或送车服务,并为宾客准备好账单。

（2）办理结账。与宾客确认相关消费后,将明细账单交予宾客确认并签字。若宾客入住时交了押金,则要收回押金单。为宾客提供账单或者发票等报销凭证。收回宾客的欢迎卡或钥匙。许多饭店对于行政楼层宾客提供2～4个小时的延时退房优惠,而无需加付房费。通知客房部该客房退房。酒店通常对行政楼层宾客退房采取免查房制度,所以客房部员工在查房时主要目的是检查宾客是否有物品遗漏在房内。

（3）征询意见。征询宾客对商务楼层服务的意见,结账后为宾客安排好行李服务,向宾客礼貌道别,并希望宾客下次光临。

（4）更新客史。更新有关宾客的信息和客史档案,必要的话通知酒店相关部门,以备为宾客的再次光临提供尽善尽美的服务。

行政楼层的突出特点是以最优良的商务设施和最优质的服务为商务客人高效率地投入紧张工作提供一切方便。配套完善、小巧精致的会议室方便宾客会客、洽谈,酒吧(行政酒廊)为宾客提供美味的自助早餐和茶点、鸡尾酒,完备的委托代办及"专职管家"为宾客工作、生活提供细致、快捷、个性化的服务,为商务宾客事业的成功和生活的享受创造了极佳的条件。

3. 行政楼层小型会议服务

行政楼层小型会议服务服务操作流程如下。

（1）了解服务要求。热情迎接宾客,主动问候。详细了解宾客要求,如使用时间、参加人数、服务要求(如席卡、热毛巾、鲜花、水果、点心、茶水、文具等)、设备要求(如投影仪、白板等)。

（2）受理会议室预订。主动向宾客介绍会议室的服务项目,规范办理预订手续。

（3）会议前准备。提前半小时按宾客要求准备好会议室,包括桌椅、文具用品、茶水及点心的摆放,检查会议设施设备是否正常。

（4）提供服务。主动引领宾客进入会议室,请宾客入座;按照上茶服务程序为宾客上茶;按照茶水服务程序或宾客的要求定时续茶;尽量满足宾客在会议中提出的服务要求。

（5）送别。会议结束,礼貌地送走宾客。如有费用产生,应按照规定与会议负责人办理账务结算手续。

（6）清洁会议室。会议结束后,应马上打扫会议室,整理室内物品,恢复标准待客状态,以备下一次使用。

4. 行政楼层商务助理服务

行政楼层商务助理服务操作流程如下。

（1）确认服务要求。服务人员面带微笑、热情接待,同时表示为宾客提供服务的意愿。了解宾客需要提供什么样的帮助,并按照宾客的要求和酒店的操作流程为宾客提供服务。宾客在行政楼层的商务助理服务通常包括上网、购买电话卡或者充值卡、传真、打印、复印、装订、代购火车票、飞机票等。

（2）告知费用。如果为宾客提供的服务需要收取费用,应事先向宾客说明标准,征得宾客同意后方可提供。如果宾客不愿意付费,也应为宾客提供其他的选择,确保宾客对服务的满意。

（3）提供服务。根据酒店的标准操作流程,为宾客提供所需的服务。

（4）结账告别。根据酒店有关规定收取费用或者请宾客在账单上签字确认并及时将其并入房账。感谢宾客惠顾,礼貌送别。

（5）设施设备归位。将宾客使用过的计算机、传真机、会议室桌椅恢复为待客状态,以方便下一位宾客使用。

5. 行政楼层"专职管家"服务

"专职管家"又名"贴身管家",英文名称 butler,它源于英国早期贵族家庭中的管家服务,如今已经演变成一些高星级酒店的"贴身管家"服务。所谓"贴身管家",实际上是一个更专业化、私人化的高档次酒店服务,就是把酒店当中分项的服务集中到一个高素质的服务人员的身上,为宾客提供个性化服务。英国专业管家行会会长兼董事长罗伯特·沃特森先生说:"管家服务是管家协调所达成的无缝隙的服务,是实现宾客高度满意的服务途径!"专职管家需要有超前的服务意识、过硬的服务能力、良好的知识背景和高度的工作责任心,应该是酒店服务中的精英。酒店一般为行政楼层宾客提供专职管家服务,主要的服务内容如下。

1）了解宾客情况

（1）接收宾客入住信息。

（2）知晓宾客的姓名(头衔)、房号、抵离店时间、人数。

（3）了解宾客的宗教信仰、习俗特点及特殊要求。

（4）了解宾客的行程安排。

（5）认真查看客史档案。

2）迎客工作准备

（1）根据气候及宾客的实际需要,调节好房间的空气和温度。

（2）彻底清洁房间卫生,检查设施完好情况。

（3）按要求放置写有宾客姓名(头衔)的欢迎卡。

（4）按要求摆放水果、鲜花、休闲果、保洁品等物品。

（5）提前 10 分钟开启房门及灯，烧好开水，并把钥匙房卡插入取电盒内。

（6）工作间准备好小方巾及茶水。

（7）检查客房总体环境和服务员仪表是否端庄。

3）宾客抵店时的服务

（1）精神饱满地在楼层大厅指定位置迎候宾客。

（2）宾客抵店时及时送上小方巾或鲜花。

（3）引领宾客至房间，帮助提携行李。

（4）送上欢迎茶，做自我介绍，并为宾客做宾馆和房间的介绍。

（5）在房间内当宾客方便时为宾客做入住登记。

4）宾客住店期间服务

（1）做好宾客住店期间的用餐服务。

（2）房间清洁需在宾客用餐、散步、外出期间进行。

（3）每次外出做好迎送工作。

（4）提前为宾客安排好车辆。

（5）为宾客提供打印、订票等商务服务。

（6）为宾客提供旅游向导服务。

（7）完成宾客的会谈、接待、拜访、探望的服务工作。

（8）随时关注温度，按规定检查次数进行检查并备案。

（9）对于宾客的特殊爱好及时记录。

（10）对于宾客住店期间所产生的费用应及时记录。

（11）随时为宾客提供服务，尽量满足宾客的要求。

6. 2023 版旅游饭店星级的划分与评定标准对行政楼层的要求

（1）设置接待台，可以办理入住、离店手续，并提供问询、留言服务。

（2）提供管家式服务。

（3）提供计算机上网、复印、传真等服务。

（4）有小型会议室或洽谈室。

（5）有餐饮区域（提供早餐、下午茶、欢乐时光），面积与行政楼层客房数量相匹配，应设置备餐间。

（6）设阅览、休息区。

（7）设公共卫生间。

（8）客房用品配置高于普通楼层。

项目二　换房、续住服务

一、导入

陆先生是澳门著名商人，经常来往国内港澳洽谈生意，他生性豪爽，非常注重原则，在商界有很好的名声。10 月初，他在澳门时寄了一封信给中国香港丽美大酒店，预订 10 月 14 日晚至 28 日的房间，酒店订房部也回了信，注明了陆先生入住和离店日期、客人姓名及房价。陆先生所订房间是一个单人间，房价每天 300 元。

10月14日下午6点零5分,陆先生到达酒店,当他向总台出示本酒店订房部的复信时,接待员吴小姐告诉他:"本酒店空房间只有数间,最便宜的也要350元一天。"陆先生平心静气地说:"小姐,我订的房间是300元。"不等陆先生说完,吴小姐又说:"我们酒店规定,订房而没有预付订金,只留至六点整,你来迟,现在只有350元一种,你要不要?"陆先生对服务员吴小姐的态度很不满意,要求见主管或经理。值班主管对陆先生说:"先生,你订的房间已过了我们留房的时间,今天晚上就住这间房吧!如果350元的房租太贵,明天你再搬到300元的房间吧。"陆先生一听更不高兴了,指着订房部的回信说:"信上没有指明留房至几点钟,我在6点零5分来,你就说我来迟了?好,我就租你们剩下的350元那一种空房,但告诉你们我只会付300元。如果明天有300元那种空房间就换给我。"说完就气愤地进了房间。

第二天,陆先生很晚才回来,总台接待员恰巧又是吴小姐。陆先生就问:"你们今天有没有替我换房间?"吴小姐说:"你没有告诉我们换房,我们当然没有给你换!"陆先生一听更不高兴了,打算第三天早上搬到另一家酒店。16日早上结账,一看房租两天700元,他拒绝付款并要找经理。陆先生说第一晚没有按他所预订的房间租给他,第二晚没有替他换房,所以他只付300元一天。当时是早上,酒店有很多客人进出,争吵声吸引了很多客人围观,很是热闹。

(案例来源:郭一新.酒店前厅客房服务与管理实务教程[M].武汉:华中科技大学出版社,2010.)

【问题思考】

(1)陆先生为什么对酒店的服务感到不满意?

(2)换房服务有哪些注意事项?

【案例分析】

本案例中接待员吴小姐由于缺乏对客人的引导,导致将协商的焦点集中在房价上而无法达成一致意见。

如果说缺乏对客引导是服务技巧问题,那么不等客人陆先生说完就打断其说话,就是明显的服务意识问题,连最起码的礼貌和尊重都没有做到,所以客人会不满。

"信上没有指明留房至几点钟……"则说明酒店做预订确认时的疏忽,没有告知客人房间最后保留时间。

客人事先要求第二天有空房就给他换,而接待员非但没给客人换,还把责任推到客人身上,更是惹人气恼。

而陆先生是个声名很好的商人,经常会来香港住宿,又预订了半个月的房间,这本是一个大客户,遇事要灵活处理。因为50元而失去一个重要的客人甚至是一批客户,实在是没有远见。

二、换房、续住的相关知识

1. 换房的相关知识

换房也叫转房,客人办理入住登记手续住下来以后,对客房的位置、朝向、大小、设备使用情况等方面有了较为清楚的了解,如果觉得房间不够理想或者不太方便,客人就会向前厅提出换房要求。酒店应在可能的情况下尽量满足客人的要求。

酒店有时也会由于自身的原因要求客人换房。如客房设备损坏,维修所需时间较长,酒店则主动为客人换房；住客超过原计划住店天数续住,而下一个指定房号预订该房的客人又快要入住,酒店也可能要求原住客换房。

2. 续住的相关知识

（1）办理客人逾期续住业务时首先要查看房间出租情况。如同类房间已满,可建议客人入住其他类似客房,如果客人坚持住同类客房,则应向客人解释原因。

（2）如客人是通过旅行社或其他公司订房的,应根据相关合同规定,确认续住的房费。如续住期间费用不同,一定要事先向客人解释原因。

（3）如属团队离店后个别游客留下来续住的,应向客人说明房价与原团队房价不同。因为旅行社与酒店长期合作,每年为酒店销售大量的房间,可享受较大的房价折扣。

（4）如果客人是从一个团队转到另一团队留住酒店的,应问清客人原团名、房号及将转跟团队的名称；然后查出要跟的团的订房资料,将原账号上的资料改为另一团,并在团单上注明。

三、业务实训

宾客续住和
换房服务

1. 换房服务

（1）了解换房原因。当客人提出换房要求时,首先了解原因,如果客人有充分的理由,应立即换房；如果理由不充分,先做解释工作,如果客人还坚持要换房,应尽量满足客人的要求。

（2）查看客房状态资料,为客人安排房间。客人提出要求调换房间时,首先要通过计算机查看客房状态资料,了解是否有符合客人需要的房间。如果暂时没有,则需向客人说明。若房间档次升高,则要加房费(酒店自身原因要求客人换房时除外)并要对给客人带来的不便表示歉意。

（3）填写换房通知单,为客人提供换房时的行李服务。如能满足客人的要求,则请服务员或行李员带客人进新房间,并立即填写"房间/房租变更单"(见图4-6),这张"房间/房租变更单"一式多份,由行李员分送客房、问询处、贵重物品保管员、收银员、预订员、电话总机等有关部门和人员。向客人发放新的向客人发放新的房卡,由行李员收回原房卡。

房间／房租变更单 ROOM/RATE CHANGE LIST	
日期（DATE）_____	时间（TIME）_____
宾客姓名（NAME）_____	离开日期（DEPT DATE）_____
房号（ROOM）由（FROM）_____	转到（TO）_____
房租（RATE）由（FROM）_____	转到（TO）_____
理由（REASON）_____	
当班接待员（CLERK）_____	行李员（BELLBOY）_____
客房部（HOUSEKEEPING）_____	电话总机（OPERATOR）_____
前台收银处（F/O CASHIER）_____	
问询处（MAIL AND INFORMATION）_____	

图 4-6　房间/房租变更单

（4）接待员更改房态，转移客账；客房部服务员接到通知后，按退房要求对原住房进行检查，并按走客房进行清扫；礼宾部及时协助客人提拿行李等。

（5）为客人提供换房行李服务。通知行李员引领客人到新的房间，并实施换房行李服务。

（6）发放新的房卡与钥匙并收回原房卡与钥匙。

（7）接待员更改计算机资料，更改房态。

（8）换房过程中的问题处理。

① 若因客满而无法为客人换房时，应记录下客人的要求，并答应客人次日为其优先换房。当夜如客房条件确实很差，应报值班经理视具体情况给客人一定的折扣或升级。

② 有时酒店由于客满，客房非常紧张，不得不在客人外出期间给客人换房或合并客房。此种情况下，接待员应事先与客人联系，得到客人许可后，请客人外出前把行李整理好，然后通知行李员把行李搬到给客人换好的客房。此时，大堂副理、客房服务员、保安员和行李员都应该场，必须确认客人的所有东西都已搬到另一个房间。

③ 若换房导致房费发生变化，应及时告知客人。

2. 续住服务

（1）确认客人房号、姓名及延长时间（天数）。

（2）查看房态。在系统中查看该房间的房态，了解当日和近日客房状态，确认随后几天的可用房间数，看该房是否已出租，以决定是否让客人在原房间延长住宿。

（3）告知收费规定。如该客房已预订无法逾期住宿，应礼貌地向客人解释，请客人谅解，建议更换房间。如果该房未预订出，在出租率不高的情况下，可按酒店规定适当推迟，并按照店规定加收房费。

（4）受理续住。对交预付金的客人，应检查其押金是否足够，如果押金不足，应礼貌地要求客人补交足够现金；对预刷卡已结账的客人，重新预刷卡。公司或旅行社付款逾期续住处理，向客人重申付款方式、房价。

（5）更改信息。在以上情况都与客人确认后，在酒店管理系统中单击续住功能修改客人离店日期并输入加收的房费，办理续住手续，办理方式与新开客房程序相同。

（6）制作新房卡。将原房卡收回，给客人制作新的房卡。

（7）通知客房服务中心有关客房续住情况，如需换房续住则视情况通知行李组。

项目三　收银服务

一、导入

某日，一位在北京丽都假日酒店长住的客人到该店前厅收银处支付前一段时间在店内用餐的费用。当他看到打印好的账单上的总金额时，马上火冒三丈地讲："你们真是乱收费，我不可能有这样的高消费！"收银员面带微笑地回答客人说："对不起，您能让我再核对一下原始单据吗？"客人无异议。收银员一面开始检查账单，一面对客人说："真是对不起，您能帮我核对一下吗？"客人点头认可，于是和收银员一起对账单进行核对。期间，那位收银员顺势对几笔大的账目金额（如招待宴请访客以及饮用名酒等）作了口头提示以唤起客人的回忆。

等账目全部核对完毕,收银员有礼貌地说:"谢谢您帮助我核对了账单,耽误了您的时间,费神了!"

客人听罢连声说:"小姐,麻烦你了,真不好意思!"

【问题思考】

(1) 收银工作中服务员应该注意哪些细节?

(2) 当客人对账目有异议时,服务员该怎么做?

【案例分析】

前厅收银处对客人来说是个非常敏感的地方,也最容易引起客人的不满。在通常情况下,长住客人在酒店内用餐后都喜欢以"签单"的方式结账,简单易行。但是由于客人在用餐时往往会忽视所点菜肴和酒水的价格,所以等客人事后到前台付账时,看到账单上汇总的消费总金额,往往会大吃一惊,觉得自己并没有消费那么多,于是就责怪餐厅所报的账目(包括价格)有差错,把火气发泄到无辜的收银员身上。

案例中的收银员用语言艺术使客人熄了火。一开始她就揣摩到客人的心理,避免用简单生硬的语言(如"签单上面肯定有你的签字,账单肯定不会错……"之类的话),使客人不至于下不了台而恼羞成怒。这位收银员懂得"客人就是上帝"这句话的真谛,因此在处理矛盾时,先向客人道歉,然后请客人与自己一起再核对一遍账目。

收银员语言技巧的合理运用很重要,尊重是前提。即使客人发了火,也不要忘记"尊重客人也就是尊重自己"这个道理。

(案例来源:曹艳芬.酒店前厅服务与管理[M].天津:天津大学出版社,2011.)

二、结账的准备工作

1. 礼节礼貌

(1) 提前 15 分钟到岗,检查仪容仪表。

(2) 礼貌地称呼客人,询问客人住店期间的意见。

(3) 耐心地为客人解释账单,准确办理结账。

2. 相关资料的准备

(1) 前厅接待处的准备工作。接待处提前一天准备"次日离店客人名单"(expected departure guest list,简称 ED 名单),并将该名单分发客房、总机、问询、预订、礼宾等相关部门。各部门可以直接在酒店信息管理系统内查询。

(2) 前厅收银的准备工作。根据 ED 名单,将这些房间的客人账单准备好。

(3) 问询处的准备工作。详细检查客人的信件及留言,及时转交给客人。

(4) 电话总机的准备工作。根据 ED 名单,一方面查看有无电话费转账;另一方面关注客人的叫早情况。

3. 其他准备工作

(1) 参加班前会,了解信息。

(2) 更换工号进行计算机账务交接,钱款当面点清,账单必须连号使用。

三、结账的相关知识

离店结账,英文专业术语为 check-out,简称为 C/O。前厅收银处(front office cashier)也称"前台收款处"或"结账处",位于大厅显眼处,且与接待处和问询处相邻。为了不影响客人的行程、给客人留下良好的最后印象,结账业务的办理要迅速,一般要求在 2~3 分钟内完成。

1. 前台收银处离店结账的主要工作

客人离店以后,客房将被收回重新投入使用,与此同时,房态也将被更新。在给客人办理退房手续时,前厅部的工作包括以下几个方面。

(1) 为客人办理结账手续。

(2) 更新前厅相关资料信息。客人退房时,前厅部有责任更新相关信息资料,主要包括:①房态,将房态从原来的住客房改为"待清扫房"(vacant/dirty);②客人历史档案(guest history record);③住客资料信息。在手工操作的酒店,住客退房后,接待员应清除信息查询架和房卡架的住客资料卡片。在使用计算机管理系统的酒店,则关闭电子账单,客人资料从信息数据库和程控电话自动计费系统中被删除,并被列入已退房的客人名单。

(3) 在客人心目中树立良好的最后印象,包括提醒客人注意客遗、询问入住体验、提供其他帮助等。

2. 结账付款方式

客人的账目分为两种:私人账目和公司账目。私人账目由客人个人支付,客人可以用现钞(人民币或外币)、旅行支票、信用卡等方式付款。公司账目不用客人直接支付,而是客人退房时对账单签名确认后,转账给公司或旅行社,由其支付酒店欠款。

结账付款方式主要分为四大类:现金、信用卡、移动支付和挂账。

1) 现金结算

(1) 外币现金。一定要是在我国银行或指定机构可兑换的外币。需要根据当天银行汇率折算为人民币,再进行结算。

(2) 人民币现金。如果客人用现金付款,收银员一定要学会分辨真伪;如果客人用预付的现金结账,应多退少补,退款需开具"现金支出单",并让客人签字确认,第一联给客人,第二联留夜审核,收回客人交预付款时交给客人的预付单第一联,与账单订在一起。

(3) 旅行支票(traveler's cheque)。应检查旅行支票的真伪,如支票残缺不全,有涂改或擦涂痕迹都不能兑换,并按买入价结算。再次检查支票的真伪、支票正面的内容及背书情况,注意辨别哪些银行已停止使用的旧版支票。如果客人结账时才出示支票,则应按支票当预付款时的工作程序做好,然后正确填写支票,可涂改、描补,一定要用碳素笔填写,填写支票头及相应日期、项目、金额等,并开具发票。目前,随着金融体系的发展,这种支付方式已逐渐被取代,很多客人不再选择私人支票。

2) 信用卡结算

信用卡是在消费信用的基础上产生和发展起来的,由银行或信用卡公司提供的一种供客人赊欠消费的信贷凭证卡片,上面印有发卡银行(或其他机构)的名称、有效日期、账号、持卡人姓名及持卡人本人签名。

中国银行及其分支机构目前通常受理的外汇信用卡有：美国运通卡（American express card）、香港汇丰银行的签证卡（Visa card）、香港汇丰银行的万事达卡（Master card）、香港麦加利银行的大来卡（Diners Club international）、日本东海银行的百万卡（Million card）、日本JCB国际公司和三和银行的JCB卡等。

我国目前自己发行的人民币信用卡有长城卡、牡丹卡、金穗卡、龙卡等。

（1）现在酒店的收银部门大多数备了信用卡授权终端机，只要将客人结账的信用卡在终端机上刷一次，把取得的授权号码输入，直接进行离线交易，并核对持卡人签名即可。使用这种结账方式，酒店收银部门能第一时间取得金额。

（2）如客人改变原入住时决定的付款方式，要求改用信用卡支付，则应按客人入住时的信用卡验卡程序做，然后按信用卡结账的程序处理。

3）移动支付（mobile payment）

移动支付是指移动客户端利用手机等电子产品来进行电子货币支付，移动支付将互联网、终端设备、金融机构有效地联合起来，形成了一个新型的支付体系。日常生活中常用的支付宝（Ali Pay）、微信支付（WeChat Pay）就是其中的典型。

酒店接受移动支付主要是通过两种渠道：一种是以银行为渠道，使用能够直接读取电子设备的二维码并从电子账户中扣除费用的终端设备，需要客人在收款凭证上签字；另一种是以电子资金平台如支付宝、微信支付等作为渠道，设立账户，发送收款码，请客人扫码支付。

4）挂账（city ledger）

酒店出于促销和方便客人的需要，会允许一些大公司、旅行社为其客人的消费采用挂账方式支付。这种支付方式可以简化客人抵离店手续，同时可以促使这些大公司、旅行社为酒店带来更多的客源。采取挂账方式的前提条件是酒店要对对方的信用情况、财务情况有深入的了解，然后以合同的方式给予法律上的支持。只有酒店财务信用部允许的单位和个人才能挂账，一般客人不允许挂账。

（1）旅行社挂账。旅行社挂账（travel agent account）的客人可以分为团体客人和散客，其中，散客又有持旅行社传单（travel voucher）和不持旅行社传单之分。旅行社传单由旅行社签发，客人持此单到酒店办理入住手续，届时由接待员收回作为转账凭证，旅行社只负责持旅行社传单客人的房费，其他费用由客人自付。

团队客人的账单分两种：一种是杂费账单（incidental account），如电话费、洗衣费等，由客人自行支付；另一种是旅行社挂账账单，也称主账单（master account），一般包括房费和餐费，这种账单必须由陪同人员签字确认，同时旅行社账单对客人是保密的，收银员最后将主账单、团队确认单、预订单订在一起挂账。

（2）公司挂账。收银员根据客人要求为客人建立两张账单：一张是由公司结算的主账单（corporate account），另一张是由客人自付且需在离店前对清的杂费账单，住客必须在公司结算的主账单上签字，以示确认，然后收银员将主账单及公司预订单订在一起挂账。

四、业务实训

1. 散客离店退房服务

受理离店结账的基本流程如图4-7所示。

离店结账
服务

图 4-7　受理离店结账的基本流程

（1）主动问候客人,询问客人是否结账退房。

（2）确认客人的姓名与房号,收回房卡和押金单,接待员在系统中检索电子对账单,并将其与客人账户核对。

（3）检查客人的退房日期,如果客人是提前退房,收银员则应通知相关部门。在酒店的系统支持实时查看的情况下无须通知。

（4）核实延时退房是否需要加收房费。客人超过中午 12 时退房,一般按酒店要求延迟退房至 18 时前,加收半天房费;如延时超过 18 时,则加收一天房费。如客人有异议,请大堂副理出面协助解决。但当酒店入住率不是很高的情况时,通常都会允许客人免费延迟退房至 14 时。

（5）通知客房服务中心查走客房。查客房小酒吧酒水耗用情况,客房设备设施的使用情况,客人是否有拿走客房内的日常补给品(供客人免费使用但不可带走),否则需照价赔偿,以及客人是否有遗留物等。

（6）委婉地问明客人是否还有其他即时消费(late charges),如电话费、餐饮消费等。

（7）将已核对过的客人总账单及账单凭证交给客人过目,并请客人确认。

（8）问明客人付款方式,为客人结账并打印账单(bill),结账。如客人入住时交了预付款,则退还预付款,收回预付款单。

（9）双手呈送账单给客人核对,请其签名确认。如有疑问,可向客人出示已经核对过的原始凭单。

（10）如果客人有要求,按照客人要求打印发票。

（11）提示行李员提供行李服务。

（12）询问客人是否要预订日后的客房,或者预订本酒店连锁管理集团下属的其他酒店客房。

（13）对客人表示感谢,并祝其旅途安全、愉快。

（14）更新系统内的相关信息,如房态、挂账等。

（15）做好账、款的统计工作和资料的存档工作,方便夜间审核。

宾客离店的
后续工作

2. 团队离店结账服务

（1）将结账团队的名称(团号)告知客房服务中心,通知其查走客房。

（2）退房时,核准团体名称、房号、付款方式,打印总账单,请地陪或会议负责人确认并签名。

（3）打印账单,做到转账和客人自付分开。通常,接待单位或旅行社只支付房费及餐饮费用,其他杂项,如电话单、洗衣费、酒水费用则由客人自行支付。

（4）预订单标明付款方式为转账的,则请付款单位陪同人员在转账单上签字确认,并注明报账单位以便结算。凡不允许挂账的单位,其团队费用一律到店前现付,团队客人的房价不可泄露给客人。

（5）为有账目的团队客人打印账单收款。

（6）收回房卡,调整房态,并通知相关部门。

五、收银中常见问题处理

1. 客人消费超过信用限额

当客人账户接近或超过其信用限额(house credit limit)时,可能会发生逃账等情况。酒店可拒绝新的消费记入客人账单。酒店前厅每天应定时检查客人账单,当发现超限额账户时,前厅可以通过向信用卡公司申请增加信用授权或要求客人支付部分账款以减少应收款来解决此问题。

防止客人逃账是酒店前厅部管理的一项重要任务,总台员工应该掌握防止客人逃账的技术,以保护酒店利益。防止客人逃账可以采用如下方法。

（1）收取预订金。

（2）收预付款。

（3）对持信用卡的客人,提前向银行申请授权。

（4）制定合理的信用政策。

（5）建立详细的客户档案。

（6）从客人行李多少、是否被列入黑名单等发现疑点,决定是否收留。

（7）加强催收账款的力度。

（8）与客房部客人所在楼层配合,对可疑客人密切注意其动向。

（9）不断总结经验教训。

2. 他人代付账款

当客人要求代付他人账款时,应请客人填写书面授权书并签名,注意代付项目,在计算机中予以记录,以免事后发生纠纷。

3. 延迟结账

酒店设定结账时间为的是客房部能有足够的时间为新到的客人准备房间,前厅同意延迟结账还可能导致酒店成本增加。另外,还必须考虑给新入店客人带来的不便和潜在的不满。

总台员工应催促那些预期离店的客人,如果超过时间,应加收房费。一般中午 12:00 至下午 6:00 以前结账的应加收半天房费,下午 6:00 以后结账的要加收一天的房费(有的酒店规定:下午 3:00 以前结账者,加收一天房费的 1/3;下午 3:00～6:00 结账的,加收 1/2;6:00 以后结账的,则可加收全天房费)。客人可能会对加收额外的费用非常不满并拒付。总台员工应平静地处理这种情况,向客人解释酒店制定的延迟结账费用的政策,必要时请前厅经理来与客人讨论这件事。

酒店应在显眼的位置公布结账时间。此外酒店须重视与即将离店客人的沟通,确认客人是否延迟结账离店。对于熟客和某些特殊客人的此类要求,在酒店出租率不高时,也可考虑免收延迟结账费用。

4. 提前结账暂不退房

对于客人提出的提前结账的要求,收银员要密切关注客人的消费情况,与客人确认预计离店时间,在操作系统中做好备注,在客人离店后查房正常放可以在 PMS 系统中做离店,

（关闭 PMS 系统和签单功能，关闭外线电话）。

（1）收银主管每一小时通过计算机查核提前结账客人的离店情况。

（2）收银员在结账时，暂时不把客人的资料从电脑中删去，确定客人真正离店且无其他消费项目后方可把客人的资料从计算机中删除。

（3）在住房登记卡上注明客人提前退房的时间，并在电脑系统中做标记。

（4）可将客人的住房登记卡按照所标明的退房时间放入离店夹内。

5. 结账时要求优惠

有些客人在结账时，往往以各种理由要求优惠，这时，要视具体情况而定。

（1）如果符合酒店优惠条件，上报当班管理人员，征得管理人员同意后方可做房费冲减，一般非当日产生的优惠重建费用需要总经理审批。

（2）遇有持酒店 VIP 卡的客人在结账时才出示 VIP 卡并要求按 VIP 优惠折扣结账时，应向客人解释酒店的规定：VIP 卡在入住登记时出示才有效，否则不能按优惠折扣结账；如客人坚持要求按优惠折扣结算，可报大堂副理或部门经理，由其决定是否予以退账处理。

6. 客人带走客房物品

有些客人或是为留作纪念，或是想贪小便宜，常常会带走毛巾、烟灰缸、茶杯、书籍等客房物品，这时应礼貌地告诉客人："这些物品是非纪念品，如果您需要，可以帮您在客房部联系购买。"或巧妙地告诉客人："房间里的 X X 东西不见了，麻烦您帮忙找一下，是否忘记放在什么地方了。"这时切忌草率地要求客人打开箱子检查，以防使客人感到尴尬，下不了台，或伤了客人的自尊心。

处理时应兼顾酒店与客人双方的利益，尽量保证酒店不受大的经济损失，并能让客人接受，不使客人感觉丢面子。

六、贵重物品寄存服务

（一）导入

在某一家酒店的总台，听到总台服务员和客人的一段关于寄存现金的对话。

"您有贵重物品和现金需要寄存吗？"办完入住手续，总台服务员认真地询问面前一位客人。

"好吧，现金这么多带在身上不方便也不安全。"客人一边回答，一边从小手提包里掏出一沓现金，然后塞进服务员递给他的信封里。

服务员迅速地填写好有关表单，然后请客人在一张单据上签上自己的名字，而后再撕下其中一联交给客人，并说："先生，请您保管好这一张凭证，来领取时要出示这一张凭证的。"

客人似乎有点不放心地问："到时凭它就可以领东西吗？"

服务员微笑地回答："那也不完全是，还要出示房卡和您本人的身份证。"

客人接着又问："假如我的房卡、身份证连同这张单子都被扒手窃走，他凭这些来领东西，你也会给他吗？"

服务员一时怔住了，然后说："怎么会全部都丢了呢？一般不会吧。"

"完全有可能！假如是那样，他凭这些来领，你会给他吗？"

"我认得你呀。"服务员被问急了，突然冒出这么一句。

不过,这位客人似乎有的是耐心,他继续问道:"你认得我,你要是明天不上班,其他服务员认得我吗?或者说,我托别人带上全部证件来帮我领取,你会给他吗?"服务员哑然。

客人似乎更加不放心,干脆把已装进信封的钱又全部放回了小手提包,然后说:"小姐,我不存了。"服务员望着这位"多心"客人的背影直发呆。

(案例来源:陈文生.酒店经营管理案例精选[M].北京:旅游教育出版社,2007.)

【问题思考】

(1) 贵重物品寄存时遇到客人这样的提问你该怎么办?

(2) 酒店在贵重物品寄存过程中的管理有哪些需要改进的地方?

【案例分析】

"多心"的客人不多心,实际上是细心。而恰恰是客人的细心发现了本案例中贵重物品寄存服务的漏洞,要引以为戒,确保客人的财产安全。

(二)贵重物品寄存的相关知识

1. 贵重物品保管

酒店通常为客人提供客用安全保险箱(safe deposit box),供客人免费寄存贵重物品,是一排小保险箱组成的橱柜。小保险箱的数量,一般按酒店客房数的15%～20%来配备,若酒店的常住客和商务散客比较多,可适当增加保险箱数量。

客用安全保险箱通常放置在总台收银处后面或旁边一间僻静的房间内,由收银员和接待员负责此项服务工作。保险箱的每个箱子有两把钥匙,一把由收银员负责保管,另一把由客人亲自保管,只有这两把钥匙同时使用,才能打开保险箱。

保险箱的启用、中途开箱、退箱,一定要严格按酒店规定的操作程序进行,并认真填写有关保管记录,以确保客人贵重物品的安全,防止各种意外事故的发生。

2. 贵重物品寄存与保管的注意事项

(1) 客人每次使用保险箱,都必须出示房卡、保险箱钥匙,收银员都必须请客人填写开箱记录,如日期、时间、签名等要逐项填写并加以核对。

(2) 如果客人丢失了保险箱钥匙,则应由大堂副理出面处理:大堂副理确认其身份;并请其填写开箱记录;向客人说明赔偿费用情况;填写"杂项附加费单",请客人签名,交前厅收款处入账;通知工程人员到场撬锁,撬锁时,客人、大堂副理、收银员等必须在场。收银员填写保险箱使用登记本。

(3) 前厅收银员每个班次都应认真检查保险箱使用情况、使用保险箱数、钥匙是否与登记情况相符等。

(4) 非住店客人及酒店内员工一律不得使用保险箱(部门使用除外)。特殊情况则要经过一定的审批手续。

(三)业务实训

贵重物品寄存服务程序如图4-8所示。

(1) 当客人来到前台时,主动向客人问好,表示愿意为客人服务。

(2) 当客人提出需要寄存贵重物品时,礼貌请客人出示房卡,与计算机资料核对,确认是否为住店客人。

(3) 仔细了解客人的寄存要求。

贵重物品寄存服务

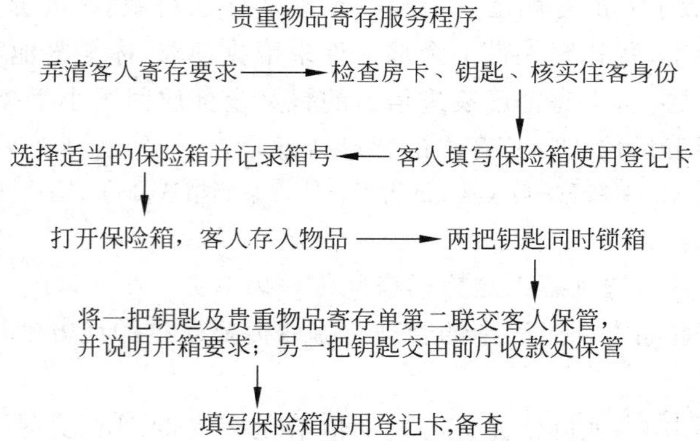

贵重物品寄存服务程序

弄清客人寄存要求 ——→ 检查房卡、钥匙、核实住客身份

选择适当的保险箱并记录箱号 ←—— 客人填写保险箱使用登记卡

打开保险箱，客人存入物品 ——→ 两把钥匙同时锁箱

将一把钥匙及贵重物品寄存单第二联交客人保管，
并说明开箱要求；另一把钥匙交由前厅收款处保管

填写保险箱使用登记卡,备查

图 4-8　贵重物品寄存服务程序

（4）引领客人到贵重物品寄存室,请客人填写"贵重物品寄存卡"一式两联,客人和酒店各一联。客人凭此单及保险箱钥匙存取物品。注意房号、姓名、住址、身份证号、联系电话等内容完整准确,并请客人签名。

（5）向客人说明有关保险箱的使用事项,根据客人要求选择适当尺寸的保险箱,并把箱号记录在贵重物品寄存卡上。

（6）用保险箱的两把钥匙开启保险箱,请客人亲自将寄存物品放入保险箱的存放盒中。

（7）当着客人的面把保险箱锁好,一把客用钥匙交客人保管(递交钥匙的动作必须能让监控看到),总钥匙放在前台妥善保管,并礼貌提醒客人注意钥匙的保管与安全。

（8）在操作系统中的客人退房提示上备注清楚保险箱号码,并记录在前台交接班本上。

（9）客人中途开启保险箱时,必须出示本人身份证和钥匙,核对准确,每次客人启用保险箱均需在寄存卡上逐项登记并签字。

（10）终止存放时请客人取出存放物品,接待员再检查一下是否有物品遗留。

（11）收回保险箱钥匙,并请客人在寄存卡上签字,确认终止保险箱业务。

（12）在计算机系统中注明已收回保险箱钥匙,并在前台交接班本上做好相应备注。

七、外币兑换服务

（一）导入

某日夜晚,一位外籍住店客人正在兑换外币,在填写旅行支票时,不慎将名字签错了地方,面对签错的支票,酒店总台外币兑换员对客人说:"这张支票签名的地方不对,请换一张。"客人不同意,双方发生了争执,兑换员坚持不予兑换,客人满腹怒气,来到大堂经理处。

经理小杨正在值班,看到客人气呼呼地走过来,小杨迎上前去,问道:"先生,能为您效劳吗?"客人说了事情的经过,显得很着急,小杨听罢,心中暗忖,兑换员说不行,怕难以变通,但又不能随随便便将一个寻求帮忙的客人拒之门外,小杨安慰客人道:"先生,别着急,事情总是可以解决的,您先请喝杯咖啡,我帮您想办法。"说着,把客人请到酒吧休息。

小杨本身对兑换外币业务并不熟悉,但他想客人之所想,急客人之所急,既然不熟悉情况就先了解这方面的情况。随即,他拨通储蓄所的电话,诚恳地向他们请教。电话接通了:"你好,我是ＸＸ酒店,我们这儿的一位客人在兑换外币时签错了支票,我想请教一下,是不是有什么可以补救的办法？"对方听后请小杨打电话到分行询问,小杨道:"谢谢!"随后又拨通分行办公室的电话,回答是要问国际兑换台。小杨又一次拿起电话,接通分行国际兑换台,请求帮助。银行方面说办法简单:只要在正确的地方再补签个名就可以了。找到办法后,小杨很快到客人身边,告诉他解决的办法,并将客人带到总台外币兑换处,向兑换员讲明情况,使客人顺利地兑换了外币,这时客人带着满意的神情称赞小杨:"谢谢你这么快解决了问题,帮了我的大忙,真不愧为客人的知己。"看着客人跷起大拇指,小杨舒心地笑了:"这是我们应尽的义务,请不必客气。"客人满意而去。

【问题思考】

(1) 在这个案例中给酒店服务员有哪些启发?

(2) 外币兑换的原则有哪些?

【案例分析】

原本是一件极可能引起投诉的事情,可处理起来就这么简单,几个电话就能处理妥帖,而且效果相当好。其实,类似的事在我们平常的服务工作中都会遇到。该如何处理?上面的事例就是答案:不能简单地说"不",而是要换一种方法试试,多动动嘴,多跑跑腿,在自己力所能及的范围内多为客人做些努力。这样,即使有些事一时不能解决,客人也会谅解。

(案例来源:袁文平.前厅技能实训[M].天津:天津大学出版社,2010.)

(二) 外币兑换的相关知识

1. 外币和旅行支票

外币是指本国货币以外的其他国家和地区发行的货币,有纸币和铸币两种形式。我国涉外酒店(tourist hotel)的境外客人所占比例越来越大,为了方便住店客人,经中国银行授权,酒店设立外币兑换点,根据国家外汇管理局公布的外汇牌价,为住店客人代办外币兑换服务业务。

旅行支票(traveler's checks)是银行或大旅行社专门发行给国外旅游者的一种定额支票,旅游者购买这种支票后,可在发行银行的国外分支机构或代理机构凭票付款。旅游者在购买支票时,需要当面在出票机构签字,作为预留印鉴。旅游者在支取支票时,还必须在付款机构当面签字,以便与预留印鉴核对,避免冒领。

2. 我国收兑外币的种类

根据国家规定,目前可在中国银行或指定机构兑换的有我国香港特别行政区的香港元、澳门特别行政区的澳门元,外国货币有澳大利亚元、加拿大元、美元、英镑、日本元、新加坡元、瑞士法郎、马来西亚林吉特、菲律宾比索、泰国铢、欧元等。其中,欧元属欧洲货币同盟(EMU)的统一货币,主要有奥地利、比利时、芬兰、法国、德国、爱尔兰、意大利、卢森堡、荷兰、葡萄牙、希腊、西班牙等国家使用。

(三) 业务实训

1. 外币现钞兑换

(1) 当客人前来办理外币兑换时:先询问其所持外币的种类,看是否属于酒店兑换的范围。

(2) 礼貌地告诉客人当天的汇率及酒店一次兑换的限额。

(3) 认真清点外币,并检验外币的真伪。

外币兑换

（4）请客人出示护照和房卡，确认其住客身份。

（5）填制水单（foreign exchange voucher），内容包括外币种类及数量、汇率、折算成人民币金额、客人姓名、房号、国籍、证件号码（图4-9）。

****酒店 外汇兑换水单			
客人姓名：			
房间号：			
外汇类别	账号	换汇率	人民币
客人签字：		总金额：	
出纳员签字：			

图4-9 外汇兑换水单

（6）请客人在水单上签名，并核对房卡、护照与水单上的签字是否相符。

（7）清点人民币现金，将护照、现金及水单的第一联交给客人，请客人清点。

需要注意的是：若客人用新版外币及不在兑换范围内的外币兑换人民币，应婉言谢绝客人。

2. 外汇旅行支票的兑换

（1）了解客人所持旅行支票的币种、金额和支付范围及是否属于酒店的收兑范围，并告知估算价。

（2）必须与客人进行核对，对其真伪、挂失等情况进行识别，清点数额。

（3）请客人出示房卡与护照，确认其住店客人身份，请客人在支票的指定位置当面复签，然后核对支票初签和复签是否相符，支票上的签名是否与证件上的签名一致。

（4）将外币种类及数量、兑换率、应兑金额、有效证件（护照）号码、国籍和支票号码等填写在水单的相应栏目内。

（5）请客人在水单的指定位置签名，并注明房号。

（6）按当日汇率准确换算，扣除贴息支付数额。

（7）订存支票。

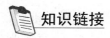 **知识链接**

客 房 分 配

为客人迅速、准确地安排客房是体现前厅服务水平的一个重要方面。客房分配应根据酒店的客房使用情况和客人的具体要求等进行。对于团体客人和有预订的客人，预订部会预先分配；对于没有预订的客人，分房与办理入住登记手续则要同时进行。

一、排房顺序

一般而言，预订员/接待员可按如下顺序排房。

（1）团队客人。由于团队用房量大，抵店前和离店后经常会出现预留房闲置、待售空房比较集中、数量多等情况，所以应提前分配。

（2）贵宾和常客。

（3）已付定金等保证类预订客人。

（4）要求延期续住的客人。

（5）普通预订并已通知具体航班、车次及抵店时间的客人。

（6）未预订而直接抵店的客人。

二、排房方法

排房时应以提高客人满意度和酒店入住率为出发点。具体而言，排房时应注意以下事项。

（1）尽量安排同一楼层或相近楼层，采取相对集中的排房原则，尽量避免团队与散客、团队与团队之间的相互干扰，同时也便于行李接送。

（2）内外宾有着不同的语言和生活习惯，应将内宾和外宾分别安排在不同的楼层。

（3）将残疾人、老年人和带小孩的客人尽量安排在离电梯较近的房间。

（4）对于常客和有特殊要求的客人应予以照顾，满足其要求。

（5）尽量不要将敌对国家的客人安排在同一楼层或相近的房间。

（6）应注意房号的忌讳。

（7）在经营淡季，可以集中使用几个楼层的房间，以节约劳动力、降低能耗。同时，也便于对客房进行集中维护保养。

（资料来源：徐文苑.酒店前厅管理实务［M］.广州：广东经济出版社,2005.）

收银员操作注意事项

（1）每班收银员都应按酒店管理要求进行交接班。交班项目包括：打印一张收银员交班汇总表，清点所有的款项（现金、信用卡、挂账、预付金、备用金），按规定上交封包，并和下一班办理交班手续，填写交班记录。

（2）每班要将当班入账的所有原始票据交接给下一班。原始票据包括账单、押金单、杂项单、扣数调整单等。全部票据由夜班收银员上交财务日核员。

（3）所有的扣数项目（负数账项），如房费调整、杂项调整、电话费调整等，必须填写手工票据，注明相关的操作原因，且经过相关负责人签字确认。在计算机中录入时，要在备注栏说明。

（4）不能随意进行转账操作。所有的转账操作必须按酒店管理流程执行，如代其他客人付账。尤其注意不能将冲减的账目通过转账方式转移到其他客房。一经发现，按规定处理。

（5）除预付金之外的所有杂项现金收入必须在相应的杂项单上加盖现金章，并由相关人员签字确认。

（6）客人离店账单一定要由客人签字确认，打印完账单后，要立即在计算机中给客人办理离店结账手续。客人离店后，没有正常理由不得将客人追回，追加入账，冲销账务，或者进行其他账务操作。

（7）两头班的收银员要按规定在夜审前和夜审后各打印一张交班表。

（8）当日离店客人的未签单，或者客人短期离店又返回酒店入住的，可以按暂离处理。暂离客人在月底要进行账务处理。

（资料来源：http://www.hoteljob.cn/a/20090117/0366022.shtml）

【思政园地：案例分析】

某酒店的常住客人黄先生对本酒店服务员"机械式"的服务颇有怨言。有一次，黄先生结完账，前台服务员习惯性地说："谢谢，欢迎下次光临，请慢走，祝您一路顺风。"黄先生听后一肚子不高兴地说："我要赶飞机，怎能慢走，更不能顺风！"

还有一次，黄先生到酒店前台办理入住手续，接待员小陈说："欢迎光临。"黄先生回敬道："光临、光临，怎么不光临呢？"小陈是个善于思考的员工，她从黄先生的话语中感受到他对这种老套的欢迎词不满。不久，小陈再次遇到黄先生办理入住手续，她便说出一番吉祥的问候："黄先生，今天您满面春风，一定是遇到了高兴的事……"黄先生听了以后非常高兴，边登记边跟小陈聊了起来……

1. 通过对黄先生入住、离店结账过程中与服务员的语言沟通分析，我们应该怎样在酒店服务中灵活、恰当地跟客人主动交流？

2. 结合接待服务岗位要求，我们在实际工作中该怎样做好"看、笑、动、说、做、情"六步礼仪法？

小　　结

本模块主要介绍了入住登记的相关知识及接待程序，如散客入住登记程序、团队客入住登记程序、VIP客人入住登记程序的规定，还介绍了客房分配技巧。通过教学，使学生掌握不同客人的入住登记服务程序，培养学生处理实际问题的能力。

客人离店时酒店提供的服务质量的高低决定着客人下次是否光临。首先，要做好客人离店结账的各项准备工作；其次，要严格遵守客人结账的服务规程。为保障住店客人贵重物品的安全，必须严格按照程序向客人提供贵重物品保管服务。通过本模块的学习，使学生能准确地为散客、团队客人办理退房结账手续，能正确地为客人兑换外币，能规范地为客人寄存贵重物品等，为担任前厅收银员及前厅收银基层管理人员打好基础。

课 外 思 考

1. 酒店可以不予接待哪些客人？

2. 为什么要办理住宿登记手续？

3. 散客入住登记的程序是什么？

4. 团队客人入住登记的程序是什么？

5. 怎样接待VIP客人？

6. 什么是"一次性结账服务"？

7. 住客贵重物品的保管及使用程序是什么？

8. 什么是"外币兑换服务"？

9. 结账付款的方式主要有哪几大类？

课后作业

一、单选题

1. 客人到店前,接待员除了应做好接待信息资料准备外,还应该做好的工作不包括(　　)。

   A. 预先分配房间　　　　　　　　　　B. 检查客房卫生清扫情况

   C. 提前将宾客需要租借物品放进房间　　D. 检查预留房状况

2. 在"引领客人至房间"时,以下说法不正确的是(　　)。

   A. 接待员应安排行李员引领客人至房间,并介绍房间设施

   B. 如无行李员,接待员应大声、清晰地告知客人房间号以及早餐地点和时间

   C. 向客人指明电梯位置

   D. 祝客人入住愉快

3. 对于入住的后续工作,以下说法不正确的是(　　)。

   A. 通知楼层查房

   B. 根据客人信息资料,将系统中的信息补充

   C. 入住登记单、押金单、信用卡单等订在一起,放入账夹

   D. 通知相关部门客人入住信息

4. 当客人告知需要办理入住时,我们应该首先(　　)。

   A. 面对微笑,主动打招呼　　　　　　B. 询问客人所需房型

   C. 询问客人入住天数　　　　　　　　D. 询问客人是否有预订

5. 有时候,客人的钱只够支付房费,而不够支付押金,以下做法不正确的是(　　)。

   A. 及时请示上级,灵活处理

   B. 对回头客及信用良好的客人可适当放宽政策

   C. 对随身钱款不足但住店天数较多的客人,不可轻易拒绝

   D. 委婉拒绝,可帮其联系其他酒店

6. 对于换房服务,以下说法不正确的是(　　)。

   A. 对于宾客提出的换房服务,都应该满足

   B. 制作新欢迎卡和门卡给到店客人,同时收回原来的欢迎卡和门卡

   C. 请行李员协助客人换房,主要为客人提供行李的搬运服务

   D. 房间更换后应致电宾客,询问宾客对新换房间是否满意

7. 关于宾客续住服务,以下说法不正确的是(　　)。

   A. 客情不紧张时,应首先满足客人愿望

   B. 如果同类型房间已满,可建议客人入住酒店其他类似房间

   C. 不需要再向客人收取费用,直接更新门卡信息即可

   D. 及时更改系统中宾客的离店日期

8. 若客人超过中午退房时间才来办理退房手续,需要(　　)。

   A. 加收半天房费　　　　　　　　　　B. 加收全天房费

   C. 不加收房费　　　　　　　　　　　D. 加收服务费

9. 酒店受(　　)委托,办理外币兑换业务。

  A. 中国人民银行   B. 中国银行

  C. 中国工商银行   D. 中国建设银行

10. 如果客人选择用现金结账,以下不正确的是(　　)。

  A. 请客人出示押金单

  B. 比对押金单的金额和实际消费金额

  C. 唱收唱付,多退少补

  D. 将退款直接放入账袋,最后一起交给客人

11. 结账时,客人若对账单有疑义,我们应该(　　)。

  A. 坚持账单上的金额

  B. 按照客人要求修改

  C. 耐心解释说明,拿出原始签单联帮助客人回忆

  D. 不予理会

二、问答题

1. 境外客人常用证件有哪些?

2. 酒店房态分类有哪些?

3. 总台排房时应注意哪些技巧?

4. 如何为客人办理换房手续?

5. 如何为客人办理续住手续?

6. 贵重物品寄存的流程是什么?

7. 简述客账管理的流程。

8. 外币兑换的程序有哪些?

模块五

总机和商务中心服务

学习目标

知识目标：了解总机服务、商务中心服务的知识；掌握总机服务、商务中心服务程序。

能力目标：能为客人在总机和商务中心服务中提供快速、准确的服务。

课程思政：认真负责的工作态度；乐于助人、甘于奉献的精神。

项目一　总机服务

一、导入

1月20日,909房间的客人23:00左右致电前台要设置叫醒服务,据当班接待员反映,客人当时称要一个"明天12:50"的叫醒,接待员还重复问了一句:"是明天吗?"客人确认了。但次日一早,客人到前台称他要的是凌晨12:50即0:50的叫醒,且告诉了前台接待员是凌晨叫醒。客人买了长沙到西安的火车票,票价490元,但由于没有叫醒,导致他睡过了头,耽误了火车。前台马上为客人订了下午18:00的飞机票,客人自己付了机票费,但要求酒店赔偿他火车票的钱。

【问题思考】

在工作中怎样才能避免叫醒服务失误情况的发生?

【案例分析】

客人可能会记错当天的日期,在服务人员与其确认时可能会出现时间上的误差,因此服务人员在向客人确认时要加上"今天是×月×日,您是需要在明天也就是×月×日⋯⋯吗?"之类时间确认的话,以提醒客人。

客人在晚上或凌晨提出叫醒服务要求时,服务人员要尤其注意确认叫醒时间。例如,客人在22:00通知"第二天6点叫醒",服务人员便应确认是上午6点还是下午6点等。

要记录好客人打电话和要求叫醒的具体时间,便于进行核对。

（案例来源:曹艳芬,邵晓莉.酒店前厅服务与管理[M].天津:天津大学出版社,2011.）

二、服务的准备工作

1. 礼节礼貌

接听电话时要口齿清楚、态度和蔼、言语准确、嗓音甜美、保持微笑。

2．业务准备

(1) 准时到岗,进行交接班。交接时必须向上一班人员了解清楚叫醒服务情况、电话转移情况及客人的其他一些特殊要求。

(2) 阅读"交接班记录"并签名。

(3) 了解当天天气情况。

(4) 了解当天的 VIP,熟悉他们的姓名及房号。

(5) 开展正常话务工作,听写迅速,反应灵敏,有较强的外语听说能力。

(6) 熟悉酒店各种服务项目和有关问询的知识。

3．其他准备工作

(1) 注意接班后的叫醒服务。

(2) 进行交接班,向接班人员交接清楚 VIP 情况、通信情况及叫醒情况。

(3) 在工作中自觉维护酒店的声誉和利益,严守话务秘密。

三、总机的相关知识

1．总机的服务项目

总机是酒店内外信息沟通联络的通信枢纽。总机话务员以电话为媒介,直接为客人提供各种话务服务,其服务工作质量的好坏,影响客人对酒店的印象,也影响酒店的整体运作。近年来,许多国际酒店集团对总机服务的功能进行了延伸和拓展,使总机具备了服务信息集散的功能,客人只要在房间按一个电话键就可以提出所有的服务要求,而不必将电话打到不同的服务部门,提高了酒店服务效率,极大地方便了客人,提高了客人的满意度。

酒店总机提供的服务项目主要包括转接电话、挂拨长途电话、提供电话查询和留言服务、提供叫早服务和内部呼叫等。

接听电话
要点

2．总机指挥中心

在酒店出现紧急情况(诸如发生火灾、水灾、伤亡事故、刑事案件等)时,总机除提供以上服务外,还应该成为酒店管理人员采取相应措施的指挥中心。此时,话务员应注意以下几个要点。

(1) 保持冷静。问清报告者事情发生的地点、时间,报告者姓名、身份,并迅速做好记录。

转接

(2) 电话通报酒店有关领导及各部门,并根据现场指挥人员的指令,迅速与有关部门(如消防、安全等)紧急联系。随后,话务员应相互通报,传递所发生的情况。

(3) 严格执行现场管理人员的指令。

(4) 坚守岗位,继续对客服务,安抚客人。

隐私保护

(5) 详细记录紧急情况发生时的电话处理,并加以归类存档。

四、业务实训

1．转接电话服务

总机服务酒店实操

总机是酒店对外的无形门面,话务员的服务态度、语言艺术和操作水平决定话务服务的质量,影响着酒店的形象和声誉。因此总机要使用热情、礼貌、温和的服务语言的同时,话务员还必须熟练掌握转接电话的技能；了解本酒店的组织机构、各部门的职责及业务范围；掌握各部门的职责范围、服务项目及最新住客资料等信息；熟悉酒店主要负责人和部门经理的姓名、声音；熟悉本店和本地常用电话号码。

（1）在接转来自店外的电话时，要先报店名并向对方问好，然后询问需要什么帮助。

（2）在接转来自店内电话时，要先报总机，然后问好，再转接；对无人接或占线电话，要主动提议是否需要给受话者留言或再次打来。如果碰到查找不到受话人姓名或房号的情况时，应注意保持冷静，迅速仔细核对查找，切勿急躁。

转接电话时还应注意以下几点。

（1）能够辨别电话的来源，尤其是店内电话能够辨别主要管理人员的声音并给予适当的尊称。

（2）热情、悦耳的语音和语调向来电者致意问好。

（3）报出酒店名称及岗位名称，必要时还要报出工号。

（4）听清和明确地了解来电者的要求，按要求进行下一步操作。

（5）请客人等候时，播放音乐。

2．挂接国际、国内长途电话

酒店所提供的长途电话服务常分为三种：第一种是住客在房内直拨的国际长途（IDD）和国内长途（DDD）；第二种是通过长途电话台挂拨的人工长途；第三种是由话务员为店外客人代为直拨的长途。酒店操作系统会自动为入住登记的客人开通长途电话服务，及为结账离店的客人及时关闭长途电话服务。若团体会议客人需支付电话费用，则应设立相应的分账单。

3．叫醒服务

叫醒服务是酒店对客服务的一项重要内容。它涉及客人的计划和日程安排，特别是叫早服务往往关系到客人的航班和车次。如果叫醒服务出现差错，会给酒店和客人带来不可弥补的损失。酒店叫醒服务分为人工叫醒和自动叫醒两种。

1）人工叫醒

（1）接受客人叫醒要求时，问清房号、叫醒时间，并与对方核对。

（2）填写叫醒记录，再次跟客人复述确认。

（3）使用定时闹钟定时。

（4）用电话叫醒客人时，话务员先向客人问好，告之叫醒时间已到。

（5）如无人应答，5分钟后再叫醒一次，如果仍无人应答，则通知大堂副理或客房服务中心，查询原因。

（6）核对叫醒记录。

2）自动叫醒

（1）准确记录叫醒客人的姓名、房号和叫醒时间。

（2）把叫醒信息输入自动叫醒计算机。

（3）客房电话按时响铃唤醒客人。计算机进行叫醒时，需仔细观察其工作情况，如发现计算机出现故障，应迅速进行人工叫醒。

（4）查询记录，检查叫醒工作有无失误。

(5) 无人应答,可用人工叫醒方法补叫一次。

(6) 把每天的资料存档备查。

无论是人工叫醒,还是自动叫醒,话务员在受理时都应认真、细致、慎重,避免差错和责任事故的发生。

4. 代客留言服务

客人有留言(电话或传真)时,酒店总机话务员或总服务台接待员可用计算机直接输入留言。电话总机系统在收到前厅计算机系统的留言后会自动开启客房内的留言灯。当住客回到客房,电话机上闪烁的灯光会使他知道自己在总服务台有留言,住客可以向总机话务员或前厅问询处询问留言内容或要求递送留言。随着互联网通信的发展,手机的功能越来越强大,留言服务的功能在酒店中慢慢趋弱。

留言服务的程序如下。

(1) 接转后若无人应答(铃响五声),话务员应委婉地向客人说明:"对不起,电话没有人接听,请问您是否需要留言?"

(2) 首先话务员应认真核对店外客人要找的店内客人的房号、姓名是否与酒店信息一致。

(3) 准确地记录留言者的姓名和联系电话;准确地记录留言内容;复述留言内容与店外客人核对。

(4) 将留言输入计算机,同时在留言内容下方输入为客人提供留言服务员姓名并打印出留言。

(5) 然后按客房留言灯,每日接班和下班时核对留言和留言灯是否相符。

(6) 当客人电话查询时,将访客的留言内容准确地告知客人。

项目二　商务中心服务

一、导入

某酒店 508 号房客人邦德先生在 14:35 来到该酒店的商务中心,他告诉服务员小郭,15:05 左右将有一份他的加急传真,要求收到后立即派人送到他的房间。15:00,服务员小谭前来接班,小郭马上嘱咐小谭 5 分钟后有一份加急传真要立即给 508 号房的邦德先生送过去,然后按时下班了。15:05 加急传真准时发到了商务中心。此时,恰巧有一位客人手持一份急用的重要资料要求打印,并向小谭交代打印要求;而另一位早上打印过资料的客人因对打印质量不满而要求小谭马上修改。忙乱之中,直到邦德先生打电话询问,小谭才想起来还尚未将传真送出,急忙让行李员把传真给邦德先生送去,而此时已经是 15:30 了。看了传真内容后,邦德先生大怒,并拒绝接收。同时,邦德先生找到大堂经理表示,由于酒店没能及时将加急传真送给他,导致他将损失 5 万美元,因此强烈要求酒店要么赔偿他的损失,要么开除责任人。

【问题思考】

(1) 商务中心服务员在工作中犯了哪些错误?

(2) 遇到客人这样的投诉该如何处理?

【案例分析】

案例中发生的事情给客人所造成的损失很大,后果比较严重,酒店一定要处理好。

(1) 真诚道歉,补偿损失。由酒店总经理或副总经理带上鲜花、水果及其他一些礼品,出面向邦德先生道歉,承认酒店的过错,同时对邦德先生的住店费用酌情予以减免。

(2) 尽力补救。经邦德先生同意,酒店可试着出面发传真给与他交易的公司,说明邦德先生未及时回传真的原因,并强调责任在酒店,请求对方再给邦德先生一次机会。虽说成功的可能性不大,但是有机会就不能放弃,同时事情有可能出现转机,并且也可以让邦德先生感受到酒店的诚意。

(3) 制定完善的管理制度,按制度办事。赏罚要分明,同时应该在员工手册中明确、具体地规定对各种违纪现象的处理方法,以减少员工犯错误,在出现问题时有处理的依据,对员工和客人均有一个说法。

(4) 今后酒店要加强员工培训,尤其要重视对员工技能技巧的培训,以提高工作效率。工作时,要分清轻重缓急,做到忙而不乱、有条不紊。工作实在忙不过来时,可向上级请求增加人手。

(5) 员工需严格遵守交接班制度,既要做好口头交接,还要做好交接记录,尽量避免差错的发生。

(资料来源:袁文平.前厅技能实训[M].天津:天津大学出版社,2011.)

二、服务的准备工作

1. 礼节礼貌

服务人员要热情礼貌、业务熟练、耐心专注、服务快捷、严守秘密。

2. 业务准备

(1) 了解客人对商务活动的时间要求,对商务活动的内容要求准确无误,对商务活动的安排要求细致周到,对商务活动的信息要求高度保密。

(2) 工作人员要精通业务,掌握秘书工作的知识和技能,保持与酒店各部门的密切联系,提供高水准、高效率的对客服务。

3. 资料准备

(1) 本酒店营业场所,特别是商务活动场所的资料。

(2) 本市、本省、全国的电话号码本,全国邮政编码本。

(3) 本市、本省、全国及世界地图或地图册。

(4) 本市、本省企业名录大全。

(5) 检查图书、报纸架上的各类书籍是否齐全并摆放整齐。

4. 其他准备工作

(1) 阅读交班本和各类文件,跟进上班未完成的各项工作,了解当天的天气情况及酒店信息。

(2) 跟进当天会议室的预订情况,并做好相应的准备工作。

(3) 下班前整理好当班的各类单据、现金收入、备用金。

(4) 开启复印机、所有计算机和打印机的电源,检查设备的正常运作。检查客用计算机是否能正常上网。

三、商务中心的相关知识

商务中心是现代酒店的重要标志之一，是客人"办公室外的办公室"，一般以房间为单位进行设计，具有安静、隔音、舒适、幽雅、整洁等特点。

1. 商务中心的服务项目

商务中心是酒店为客人进行商务活动提供相关服务的部门，很多商务客人在住店期间要安排许多商务活动，需要酒店提供相应的信息传递和秘书等服务。为方便客人，酒店一般在大堂附近设置商务中心，专门为客人提供商务服务。商务中心拥有的设备及用品包括：复印机、传真机、多功能打字机、程控直拨电话机、录音机、装订机、碎纸机及其他办公用品，同时还应配备一定数量的办公桌椅、沙发，以及相关的商务刊物、报纸、指南、资料等。部分高星级的商务酒店还会提供24小时的服务，显现出它在酒店中的特殊地位。

商务中心的服务项目很多，主要有：会议室出租服务、电子邮件服务、传真服务、复印服务、打字服务、秘书服务和设备（用品）出租服务等。商务中心还可以提供翻译、名片印制、票务预订、休闲活动预订、商业信息查询、快递服务等服务。

2. 商务中心职能的转变

随着信息技术的飞速发展，客人都拥有自己的手机，越来越多的客人也拥有自己的笔记本电脑，在客房内也可以通过互联网直接订票，发送、接收电子邮件和传真，一些高档酒店还在客房内配备了打印机、复印机和传真机，因此，客人对酒店商务中心的依赖程度将大大降低。商务中心必须研究客人需求的变化，转变服务职能，推出新的服务项目。例如，提供现代化商务设施设备出租服务、提供计算机技术服务、为各类商务活动和会议提供支持与帮助的秘书服务等。

四、业务实训

1. 传真服务

传真发送与接收服务程序如下。

（1）礼貌问候客人，了解发往地区。

（2）查看客人提供的地区号码，并进行核对。

（3）向客人说明收费具体标准，如按时间或页数计算。

（4）输入传真号码后，先与稿件上号码核对，确认无误后，再按发送键。

（5）传真发出后，应将发送成功报告单连同原件一起交给客人。

（6）办理结账手续，账单上注明传真号码以及发送所用时间。

（7）填写商务中心日发送传真报表。

（8）接收传真时，应到问询处确认收件人姓名及房号，并将接收报单与来件存放在一起。

（9）填写商务中心日传真来件报表。

（10）电话通知客人。按酒店服务标准，或请客人来取，或派行李员送到房间。客人不在时可留言（留言单右上角应注明客人离店日期、时间，以便能在客人离店前将传真送给客人）。开出的账单交前厅收银处,以备结算。

2. 打印、复印服务

(1)打印服务程序如下。

① 了解并记录客人的相关要求。

② 说明收费标准,确认付款方式。

③ 告知所能达到的最快交文件时间。

④ 浏览原稿件,有不明之处向客人提出。

⑤ 记录客人的姓名、联系电话、房号。

⑥ 打字完毕后认真核对一遍,并按照客人的要求予以修改、补充,确保无误。

⑦ 客人确认文件定稿后,询问文件是否存盘及保留的时间,或按客人要求删除。

⑧ 通知客人取件,送到客人房间或指定地点。

⑨ 收费,礼貌道谢。

(2)复印服务工作程序如下。

① 主动问候客人,按要求受理此项业务。

② 询问客人要复印的数量及其规格,并做好记录。

③ 告知所能达到的最快交文件时间。

④ 告诉客人复印价格。

⑤ 复印后清点,按规定价格计算费用,办理结账手续。

⑥ 复印完毕,取出复印件和原件如数交给客人,询问客人是否需装订或放入文件袋。

⑦ 礼貌道谢。

⑧ 在“复印登记表”中登记。

3. 票务服务

(1)礼貌询问客人的订票需求,如航班、线路、日期、车次、座位选择及其他特殊要求等。

(2)通过电脑快捷查询票源。如遇客人所期望的航班、车次已无票时,应向客人致歉,并作解释,同时主动征询客人意见,是否延期或更改航班、车次等。

(3)请客人出示有效证件或证明,办理订票手续,注意与登记单内容进行核对。

(4)出票、确认。礼貌地请客人支付所需费用,并仔细清点核收。

(5)请客人自己再进行检查确认,并提醒客人相关的时间、地点及其他注意事项。

(6)向客人微笑致谢,目送客人。

4. 会议室出租服务程序

(1)接到预约,要简明扼要地向客人了解租用者的姓名或公司名称,酒店房间号码或联系电话,会议的起始时间及结束时间、人数、要求等项目内容,并做好记录。

(2)介绍租用费用,带领客人参观所租的会场。

(3)预收订金。租用会议室以收到预订金时开始生效,如果客人取消预约未及时通知酒店,影响酒店的再次出租,则不退还预订金。

(4)在会议室出租预订单上做好相关记录。

(5)将上述情况汇报主管或领班以及问询处,将预订单副本交前厅部。

(6)根据客人要求在其他部门的配合下安排布置会场或会议室。

（7）预约鲜花。如同时需要设备出租，必须做好预约工作。

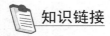 知识链接

总机是酒店的第二张脸

作为声音的二传手，总机对酒店服务行业起着举足轻重的作用，虽只闻其声，不见其人，但其专业的声调、语言以及热情、快捷的服务态度也能给客人以宾至如归的温暖，也是影响未来客人是否决定在该酒店下榻的重要因素。总机所从事的工作曾被业内人士称为酒店的第二张"脸"。

一般来说，话务必员在工作中应注意以下几点。

1. 要注意自己的语音语调

接起电话的时候，务必在三响之内接起，并礼貌地问好，声音音量要适中，语调要柔和、轻快，音色要甜美，给客人一种愉悦的感受。此外，还应注意语速，不要太快，也不要太慢。要根据当时客人的语气来调整自己的语速，以应付不同情景的需要。例如，若有一位客人在酒店不慎丢了东西，打来电话求助，这时总机接待要耐心、镇定，但也要表现出很着急的样子，回复对方的话要十分注意语气和措辞，语速要比之前的快一些，让客人体会到话务员也在为他着急，这样可以让客人紧张的情绪稍微放松，给客人留下好印象。

2. 说话时要面带微笑

在与客人交流过程中，面带微笑与板着脸发出的声音是不一样的，在电话沟通中，对方可以明显感受出来。亲切、明快的声音会使客人感到舒服和满意；单调、古板的声音会使客人产生不愉悦和误解，间接影响酒店的形象。所以，千万不要把不良的情绪带到工作中，在接听客人电话时一定要面带微笑。

3. 注意倾听

注意倾听客人讲话，尤其要注意，当客人很气愤地在与你通电话时，千万不要打断他，应让客人尽量发泄不满，等他停下后再问问题，如确实需要打断，要说："对不起，打断您一下，我想问您个问题行吗？"在倾听的时候也要偶尔附和一两声，必要时需拿笔把客人说的话记下来。等客人说完问题后，应总结他打电话来的目的，并马上答复或解决在自己职务范围内的问题，对于超出能力范围的问题，要向客人说明原因，可告知对方待请示领导后再予以答复。在沟通过程中要注意千万不要过度推卸责任，以免客人有"酒店不负责任"的感觉。

4. 应对例外

对于无理取闹或带有骚扰性质的电话，在力所能及的情况下，可以尽力柔化对方。对于性质严重的，大可不必多理会。对于没有通话必要的，可以在一句礼貌客套话的过渡后迅速挂断电话。要想让客人感受到话务员作为酒店第二张脸所带来的魅力，话务员应投入更多的热情，多从客人的角度思考问题，用服务赢得客户的信赖。

（资料来源：http：www.hoteljob.cn/a/20070920/4385034.shtml）

【思政园地：小组讨论】

1. 总机服务中电话礼仪有哪些要求？

2. 结合接待服务岗位要求,讨论我们在实际工作中该怎样做才能帮助客人完成商务助理的工作。

小　　结

酒店里的总机服务、商务中心服务等前厅系列服务存在的出发点就是希望能够满足客人的所有需要。正是因为有这项认识,酒店才能为客人提供满意的服务,才能真正成为客人的"家外之家"。通过本模块的学习,要求学生掌握总机服务、商务中心业务知识和服务操作技能。

课 外 思 考

1. 话务员应具备哪些素质? 话务服务应注意哪些问题?
2. 如何做好留言服务?
3. 怎样才能做好叫醒服务?
4. 电话转接服务的程序是什么?
5. 会议室出租服务的程序是什么?

课 后 作 业

一、单选题

1. 以下有关"话务员岗位职责"的描述,不妥的是(　　)。
    A. 为宾客提供长途电话的代拨、计费及咨询服务
    B. 负责酒店消防报警及应急情况的内部沟通工作
    C. 充分掌握电话业务知识,尽自己最大的能力帮助客人,满足宾客需要
    D. 提供委托待办业务

2. 在有关"接打电话语言要求"中,下列叙述不妥的是(　　)。
    A. 一接来电,敬语当先,如说"您好""请讲"等
    B. 说话时语调亲切、委婉,使通话人感受到你的关心和协助
    C. 使用专业术语,彰显高规格
    D. 音色要柔和、悦耳,使通话人好像听到家中亲人的呼唤一般

3. 在转接内、外线电话时,以下做法不妥的是(　　)。
    A. 外线电话用中英文问候并报出酒店名称
    B. 对本地宾客可以使用方言,以示亲切
    C. 内线电话报明总机并问候
    D. 10 秒之内接听电话

4. 对总机房的工作环境要求,下列描述不妥的是(　　)。
    A. 总机房的位置要便于与前台联系
    B. 总机房要安静、保密,未经许可,总机房以外的人不得擅自进入

C. 前厅部可以在总机房召开小型会议

D. 话务员的座椅应舒适、放松

5. 提供叫醒服务时，下列做法不妥的是（　　）。

A. 每个话务员负责自己接到的叫醒服务

B. 夜班在凌晨1点左右要将所有叫醒的原始记录与总表核对，防止遗漏

C. 每个时间段要及时提醒

D. 叫醒两次后仍无人应答，应请大堂副理或楼层服务员敲门查看情况

6. 住客不在房间时，有外线查询住客，以下做法不正确的是（　　）。

A. 建议客人自行联系

B. 建议客人给住客留言，但不能告知住客房号

C. 对于保密入住的宾客，应告知客人未入住

D. 对只知道房号而不知道其他信息的宾客，应与来电客人确认住客的身份

二、问答题

1. 客人打电话找总经理，怎么办？

2. 电话中对方声音太小听不清，怎么办？

3. 酒店应该提供自动叫醒服务还是人工叫醒服务，为什么？

4. 转接电话的注意事项有哪些？

5. 电话留言服务的程序和标准有哪些？

6. 宾客问询的内容一般包括哪些？

数字化运营管理篇

前厅管理基础知识

 **学习目标**

知识目标：了解前厅环境设置的注意事项，熟悉前厅功能布局；熟悉前厅部门例会的
流程，了解前厅部与其他部门的信息沟通。

能力目标：能够顺利地与相关部门沟通；能够组织前厅部例会。

课程思政：敬业乐业，热爱本职工作；高度的工作责任心，乐于助人。

项目一　前厅环境和布局

一、前厅的环境

前厅作为整个酒店的中心，其环境、氛围是非常重要的。前厅必须要有热情迎接客人的
气氛，使客人一进大堂就有一种"宾至如归"的感受，有一种享受高级消费、受人尊重的感觉，
形成美好的第一印象。同时还要为前厅服务人员创造一种愉快的工作环境，使前厅的对客
服务工作卓有成效。为了创造好的气氛和环境，除了人的素质外，还必须重视前厅的环境美
化。在前厅环境布置中，应注意以下几点。

1. 光线

大堂内要有适宜的光线，要能使客人在良好的光线下活动，使员工在适当的光线下工
作。为了保证良好的光照效果，大堂的光源由一部分的自然光源和层次、类型各相不同的各
种灯光组成。即使是在早上九、十点钟光照较好的情况下，酒店大堂依然亮着灯。这是基于
两点：①客人穿梭于光线明暗不同的场景，眼睛不容易适应，开灯有利于客人适应；②直接
的太阳光照较为刺眼，酒店大堂内的自然光线在控制下不足以支撑照明需求，需要灯光作为
补充，使用灯光可以营造独特的氛围、体现档次。

由于人在不同时间段对光线的需求不同，前厅部也需要通过调节窗帘遮挡自然光、调整
灯光强度、亮灯数量等方式，不断调整出适应当下环境的光源。

值得一提的是，一些品牌酒店还会在大堂醒目位置，用灯光投射出品牌商标，增强辨
识度。

2. 色彩

大堂环境的好坏，还受到大堂内色彩的影响。大堂内客人主要活动区域的地面、墙面、

吊灯等,应以暖色调为主,以烘托出豪华热烈的气氛。而大堂的服务环境及客人休息的沙发附近,色彩就应略冷些,使人能有一种宁静、平和的心境,适应服务员工作和客人休息对环境的要求,创造出大堂特有的安静、轻松的气氛。大堂内的装饰品、家具、服务台等的色彩都应该与建筑风格一致,不可有突兀感。

3. 温度、湿度与通风

大堂要有适当的温度。酒店通过单个空调机或中央空调,一般都可以把大厅温度维持在人体所需要的最佳温度(22℃~24℃),再配合以适当的湿度(40%~60%),整个环境就比较适宜了。

大堂内人员集中、密度大,人员来往活动频繁,耗氧量大,如通风不畅,会使人觉得气闷,有一种压抑感,应使用性能良好的通风设备,改善大厅内空气质量,使之适合人体的要求,也可适时调整大堂旋转门的模式,使用平开模式更容易通风。

4. 声音

大堂内若声源多、音量大、噪声过于集中,就会超过人体感觉舒适的限度,使人烦躁不安,容易出错,易于激动和争吵,降低效率。因而在建造大堂时,应考虑使用隔音板等材料降低噪音。酒店员工在工作交谈时声音应尽量放轻,有时甚至可以使用一些体态语言代替说话进行沟通(如用手势招呼远处的同事)。要尽量提高工作效率,避免客人在高峰时滞留于大厅。

集团酒店会定制体现品牌特色的音乐,提高品牌在客人心目中的辨别度,这种音乐一般是舒缓放松的,能够使客人心情愉悦。由于营造节庆氛围的需要,有时也会播放喜庆热闹的音乐,这时候就必须注意音量的控制,避免给客人带来困扰。比如,某酒店的大堂和客梯中都装有音乐播放器,春节期间播放了喜庆的拜年音乐,当电梯门开启时,音乐蔓延到楼道里,导致某靠近电梯房间客人的投诉。

5. 味道

为保持空气清新、祛除异味,目前酒店多会在空调中放入香氛,合适的香氛能让客人心情愉悦。香氛味道应该选择淡雅的,不可太重,避免引起客人过敏、身体不适。

集团酒店会在同一品牌酒店使用同一种香氛,使客人将香氛与品牌建立联系,加深客人的认知。投影、音乐、香氛三者一起,营造出客人对此品牌视觉、听觉、嗅觉三方面的感觉,体现了酒店的特殊性。

6. 绿化

现代酒店设计中应尽可能在大厅内布置绿化,尤其是大城市中心的现代酒店,周围不一定有优美的花园风景,更加需要在大厅内设计花卉、树木、山石、流水等景观,使厅内充满生机,给人以亲切、舒适的自然美感。绿化还可以调节大厅气温、湿度,减少噪声、净化空气,消除人们由于长时间室内活动而产生的疲劳。

需要注意的是,在挑选绿植时,应选择更换便利、容易照料的植物,并做好各项检查工作,避免虫害等现象出现在酒店中,破坏酒店形象。

二、前厅功能布局

从建筑空间的角度,酒店前厅包括正门、大堂、电梯(楼梯)、公共卫生间等;从功能角度出发,前厅应该是一个集酒店内外部交通、提供服务、宾客休息等功能为一体的综合性空间。按照功能,我们可以将酒店分为正门及人流路线、服务区、休息区和公共卫生间。

1. 正门及人流路线

酒店正门是重要的交通枢纽,为保障酒店进出的交通通畅,应根据客房数量和人流量的大小决定正门的规模。目前高星级酒店一般采用自动感应门加左右各一扇边门的形式,显得大堂正门上档次,且能够适应各种情况。有的酒店在使用推拉门时会选择两道门的设置,保证每次只有一道门开启,这样可以更好地限制大堂空气流动,节约能源。正门和边门一般采用玻璃材质,有利于为大堂营造适当的光照环境,也更方便标记出品牌信息,加深客人的记忆。

酒店正门外应设置车道外延的遮雨棚,方便客人在酒店门口上下车。车道一般为两道,避免由于暂时停靠导致道路堵塞。在阴雨天气要提前准备好防滑垫和雨伞架等设备。正前方若有阶梯的,两边应设置无障碍通道,方便轮椅通行。一些酒店在正门前会设置小花园、喷水池等观赏建筑,加深客人的第一印象。酒店大门前的空地上设置有三个旗杆,分别悬挂店旗(品牌旗)、国旗、接待外国元首时对应国家的国旗。

从酒店正门到各个目的地,形成了人流路线。路线应进行引导装饰或铺上地毯,形成明确的人流路线,以避免对服务区和休息区造成影响。

2. 服务区

(1)总台。总台是位于前厅大堂内的酒店总服务台的简称,是为客人提供入住登记、问询、外币兑换、结账等前厅综合服务的场所。为了方便客人,总台一般位于酒店一楼大堂,且各项总台业务应相对集中(如预订、接待、问讯和总台收银等)。根据大堂设计布局,总台最好能正对大堂入口处。这样,总台人员不仅能观察到整个前厅、出入口、电梯等活动场所的情况,也能观察到正门外客人车辆到达情况,从而做好接待准备工作。同时,也有利于及时发现各种可疑情况,以消除隐患、确保安全。另外,以团队客人为主要客源的酒店,可以在总台外另设团队接待处。

总台设计通常考虑以下三个因素。

① 总台的外观。总台的形状可采用曲直结合的办法,与大堂整体环境协调,有L型、直线型、半圆形等。在材质上,一般选择经久耐用且显得大气上档次的大理石、硬木等。在布置上,各种标牌、告示,国际时钟,天气预报和外币汇率等信息的显示,也需要符合大堂的整体氛围。

总台的高度应以方便宾客和前厅员工进行日常服务为原则,其外侧理想高度为115～125厘米,方便客人书写。内侧设有工作台,放置前厅员工的服务设备,一般在80厘米左右,能有效遮挡工作内容。有的酒店采用坐式服务台,此时内外两侧应设置一样的高度。

② 总台的大小。总台的大小是由酒店客房数量、服务项目、科技应用水平决定的。酒店的客房数量越多、服务项目越多,需要提供的服务设施就越多,总台的面积就越大。如喜来登集团的服务指标为:200间客房,柜台长8米,台内面积23平方米;400间客房,柜台长10米,台内面积31平方米;600间客房,柜台长15米,台内面积45平方米。随着新兴技术的应用,总台工作效率逐渐提高,纸质资料需求变少,总台也必将逐渐小型化。

③ 总台的布局。总台一般设置在大堂的醒目位置,方便宾客寻找,也为前厅员工关注

大堂区域提供便利。为了提高工作效率,目前总台不再设置专门的兑换窗口、入住窗口等,而是要求每一个服务岗点都提供所有的相关服务。因此,在设置中应做到布局紧凑、设备完善。

(2) 礼宾台。礼宾台一般设置在酒店入口内侧,方便及时发现到店客人,为客人提供服务。礼宾台后方应设置行李房。在酒店大堂区域不够大的情况下,一些酒店也会将礼宾台设置在总台边上,节约部分空间。

(3) 大堂副理工作台。大堂副理工作台一般设置在大堂内离总台较近又较为安静的区域,配备有相关的工作设备,为客人提供服务。需要注意的是,近年来酒店更加注重增加与客人的人际接触,因此大堂副理会有更多的时间在大堂与客人沟通,而不是等在工作台内部。因此,大堂副理工作台的设置在慢慢地淡化。

3. 休息区

酒店大堂应设置足够的空间供来往客人休息、等候、会客。休息区主要摆放供客人休息的沙发座椅和配套的茶几等家具。休息区的位置既要显眼,方便客人找到;也要安静,不影响客人休息。沙发可根据实际情况,围成一个舒适的小区域,在人流出进频繁的大厅空间中,构筑一个宁静舒适的小环境。

前厅环境
要求

4. 公共卫生间

酒店大堂是公共区域,因此需要为来往客人准备公共卫生间。一定程度上,由于客流量较大,公共卫生间的质量是酒店质量的直观体现。因此,公共卫生间的装修应符合大堂的整体风格,设备应先进、完善。除此之外,要制定较高的清洁标准,及时补充服务用品,给客人留下良好的印象。

前厅是酒店建筑的重要部分,每一位客人抵达酒店必须经由这里,它是客人对酒店产生第一印象的重要空间。

项目二　前厅部班组例会

部门例会是传达信息、促进沟通、增强团队凝聚力的重要渠道,对前厅部这样既要处理酒店内外信息,又要沟通客人和酒店关系的部门来说,显得尤为重要。

一、例会的过程与内容

前厅部由于不同班次交接班的需要,分为早中晚三次例会。例会由大堂副理主持,每个岗点除了留下少量员工提供服务外,都需要参加。当客情繁忙时,应至少确保每个岗点每个班次均有一名员工参会,确保顺畅地完成信息分享。

1. 例会的第一部分是考勤和状态检查

大堂副理对员工的仪容仪表、精神面貌等进行检查,对不合格者和迟到者按照部门规章进行处罚。

2. 例会的第二部分是日常信息传达

日常信息传达包括以下内容。

(1) 昨日客情。总结昨日的入住率、客房收入。

（2）今日客情。今日的客房入住、退房情况、入住率等数据；团队抵离店情况；宴会厅、餐厅等出租情况；以及可能带来的影响。

（3）今日酒店的内部活动。如领导行程，安全部演习，楼层、厨房等定期清洁，人事部组织的培训等。

（4）今日 VIP 预订情况。分享本日贵宾、会员等预订情况，根据实际情况探讨服务策略。

（5）投诉的客人。若未处理，则需要继续跟进；若已处理，则需要保持关注。

（6）确认房间的分配情况，由大堂副理跟进应退未退的客人。

3. 例会的第三部分是各营业岗点根据自身工作目标进行情况汇报

（1）总结上个班次的工作完成情况，并沟通待跟进事项。

（2）说明本班次的工作，并进行分工。

（3）前台主管负责沟通可卖房情况、售房策略。

（4）宾客服务部分享会员拜访情况，客人满意度得分。

（5）礼宾司分享今日接送机和用车情况，交通情况。

（6）总机分享其他日常信息。

以上是例会共同分享的信息。由于夜班工作人员较少，且工作内容不多，因此早班和夜班的例会一般仅分享日常信息。而中班的例会由于时间较为充裕，且出席人员较多，一般作为主要的例会。

二、中班例会的主要内容

部门经理出席中班例会，并对部门现状进行分析。中班例会的额外信息如下。

（1）部门销售目标及完成情况（如客房产品、节庆产品、优惠产品等）。

（2）客人满意度目标与得分情况分析。

（3）对近期发生的案例进行探讨，表扬或批评相关员工。

（4）分享客人的反馈、管理层反馈、部门经理的意见。

（5）开展主题培训，如产品知识、安全生产、规章制度等。

（6）对新的内部政策、促销方案进行解读。

（7）其他信息。

三、例会的原则

部门例会是前厅部日常工作中的一项重要内容，开展例会时需遵循以下原则。

（1）注意时间的把控。例会是在上班时间进行的，客人对服务的需求不会因为开例会而停止，单纯信息分享的例会不应超过 10 分钟，中班例会也不应超过 20 分钟。这就要求与会人员能够言简意赅地分享信息，说明情况。

（2）注意考查例会效果。例会当中有大量的信息分享，有时也会进行主题培训，应适当对参会员工的信息掌握情况进行考核，确保例会时间利用的有效性。

（3）注意奖惩有度，标准统一。部门的工作标准是需要依靠奖惩制度来维持的。对于工作当中好的案例，要不吝夸奖，给予认可；对于坏的案例，要严格遵守惩罚措施，维护部门规章制度的权威性和公平性。

前厅部例会

（4）注意关注员工心声。前厅部全员都处于比较忙碌的状态，并没有很多的机会进行内部沟通、问题反馈。管理人员应积极听取员工的反馈，主动帮助员工解决困难，体现关爱，提升员工的工作积极性。

（5）注意发挥员工能动性。例会不仅仅是管理人员下达命令的过程，也是双方对工作内容进行探讨的过程，应鼓励员工积极思考，为部门工作献计献策。对合理的方案，要勇于采纳，培养员工的主人翁精神。

项目三　前厅部际沟通

酒店的运营是一个整体，对客服务也是个整体性工程。酒店各部门之间的工作联系、信息沟通等就显得格外重要。

一、前厅部与有关部门之间的信息沟通

在酒店这个整体中，前厅部是"神经中枢"，是各种信息的集散地。通过前厅部的中枢传递作用，酒店才能够为客人提供各种服务。

1. 前厅部与总经理室

前厅部除了应及时向总经理请示汇报对客服务过程中的重大事件外，还应就如下信息进行沟通。

1）前台

（1）房价的制定与修改。

（2）免费/折扣/订金/贵宾接待规格、客房销售政策的呈报与批准。

（3）每日递交"在店贵宾/团队表""预期离店 VIP 客人名单""客房营业日报表""营业情况对照表"等。

（4）定期呈报"客情预测表"。

（5）了解当班次值班经理的安排，以便有事及时通知。

2）礼宾部

转交有关邮件和留言。

3）电话总机

（1）了解正、副总经理的值班安排及去向。

（2）提供呼叫找人服务。

2. 前厅部与客房部

酒店前厅部与客房部的联系最为密切，信息沟通最为频繁，内容也最多。前厅部有关部门与客房部信息沟通的主要内容如下。

1）前台

（1）客房楼层应每日向前台接待处提交"楼层报告"，以便于前台控制房态。

（2）团队客人抵店前，递交"团队用房分配表"。

（3）用"特殊服务通知单"将客人提出的房内特殊服务要求通知客房部。

（4）将客人入住及退房的情况及时通知客房部。

（5）用"客房/房价变更通知单"把客人用房的变动情况通知客房部。

（6）递交"预期离店客人名单""在店贵宾/团队表""待修客房一览表"。

（7）客房楼层应将客人在房内小酒吧的消费情况、客遗物品情况通知前台。

2）礼宾部

（1）上楼层递送报纸、邮件和有关文件，或将需递送的报纸及"报纸递送单"交客房部代为发放。

（2）运送抵店的团队客人行李时，如客人不在客房内，请客房服务员打开房门，以便把行李送入客房。

3）电话总机

如发现客人对电话叫醒服务无反应，应通知客房部上门人工叫醒。

3. 前厅部与销售部

前厅部同样负有销售工作的责任，与销售部的信息沟通应当快捷、准确、完整。前厅部有关部门与销售部的沟通内容主要如下。

1）前台

（1）与销售部进行来年客房销售预测前的磋商。

（2）发生超额预订情况时，与销售部进行磋商与协调。

（3）向销售部每日递交"在店贵宾/团队名单""预期离店客人名单""客房营业日报表""营业情况对照表"。

（4）销售部应将团队客人活动的日程安排等有关信息通知前台，以便回答客人的问询。

2）礼宾部

从销售部了解离店团队的发出行李时间及离店时间。

3）电话总机

（1）了解团队客人需要提供的叫醒服务时间。

（2）了解团队活动的日程安排。

4. 前厅部与财务部

前厅部应与财务部加强信息沟通，以防止出现各种漏账、逃账现象。前厅部有关部门与财务部的沟通内容主要如下。

1）前台

（1）就给予散客的信用额度与财务部进行沟通。

（2）根据政策收取预付款。

（3）递送抵店散客的账单、登记表。

（4）递交有客人签名确认的 POS 单。

（5）递交已抵店的团队客人的总账单与分账单。

（6）递交"客房/房价变更通知单"。

（7）客房营业收入的夜审核对工作。

（8）就过了离店时间后退房的客人的超时房费收取问题进行沟通。

（9）每日递交各种报表。

2) 礼宾部

(1) 递送已结账客人的离店单。

(2) 如已结账的客人再次发生费用,收银处与大厅服务处应及时沟通,以便大厅服务人员采取恰当的方法,提醒客人付款。

(3) 递送"服务费收入日报表"。

3) 电话总机

(1) 递交"长途电话收费单"与"长途电话营业日报表"。

(2) 已结账的客人挂长途时再次收费的沟通。

5. 前厅部与餐饮部

餐饮为酒店的主要收入来源之一,前厅部与餐饮部之间的信息沟通就显得十分重要。前厅部有关部门与餐饮部的沟通内容主要如下。

1) 前台

(1) 书面通知餐饮部客房的布置要求。

(2) 发放团队用餐通知单(大型酒店由宴会预订处发放)。

(3) 每日递送相关报表。

(4) 每日从餐饮部的宴会预订组取得"宴会/会议活动安排表"。

(5) 随时掌握餐饮部各营业点的服务内容、服务时间及收费标准的变动情况。

2) 礼宾部

更新每日宴会/会议、饮食推广活动的布告牌。

3) 电话总机

随时掌握餐饮部各营业点的服务内容、服务时间及收费标准的变动情况。

6. 前厅部与其他部门

1) 前台

(1) 提供客人抵店、住店、离店的情况。

(2) 按规定为值班经理或经批准的有关职工安排用房。

(3) 递送"维修通知单"(工程部)。

(4) 递送"在店贵宾/团队表"。

(5) 邮件的收发。

(6) 与工程、安全等部门进行沟通,做好客房钥匙(房卡)遗失后的处理工作。

2) 电话总机

(1) 转接电话。

(2) 留言服务。

(3) 了解各部门负责人的值班安排及去向。

(4) 呼叫找人服务。

(5) 出现紧急情况时的沟通联络。

二、信息沟通的主要方法

1. 表单、报告和备忘录

这是前厅部对外沟通采用的形式,表单指前厅部设计、制作的各种营业统计报表、营业情况分析报表、内部运行表单等,将相应的表单及分析报表呈交相应部门。

报告包括按管理层次逐级呈交的季、月度工作报告。

备忘录是酒店部门间沟通、协调的一种有效形式,包括工作请示、汇报、建议和批示等。

2. 会议

会议是沟通、协调联络和传递信息、指令的有效方法。

3. 酒店管理计算机系统

酒店管理计算机系统是酒店沟通、协调和信息处理的一项重要手段,包括酒店的经营活动、运转管理中的各类数据的收集、分析处理、传输、显示和储存等。

三、信息沟通的主要障碍及纠正方法

前厅部与其他部门之间的有效沟通对酒店的运营管理起着十分重要的作用。因此,要时刻提防和避免阻碍信息沟通的因素。

1. 阻碍信息沟通的因素

在酒店的日常运行中,阻碍信息沟通的因素主要如下。

(1) 部门信息沟通缺乏方式、渠道的规定,沟通制度不健全。

(2) 服务人员缺乏沟通方法与技巧,导致沟通信息不畅。

(3) 盛行个人主义、小集体主义,相互间缺乏尊重与体谅。

(4) 部门之间各自为政,缺少团队意识和集体主义精神。

2. 克服及纠正的方法

(1) 针对各部门之间的工作衔接,制定部门之间信息沟通的制度,明确沟通的方式及渠道,以及特殊情况的处理。

(2) 对管理人员及服务人员进行有效的在职培训,针对如何进行沟通组织培训,掌握进行有效沟通的方式、方法与技巧。

(3) 进行交叉部门工作内容培训,使员工在不断精通本职工作的同时,加强对酒店整体经营管理知识和部门工作内容的了解,更好地促进部门之间的信息沟通。

(4) 在日常工作中,注意检查部门与内部之间信息沟通的执行反馈情况,不断总结,完善各个环节,对于沟通良好的部门和个人及时予以表扬;反之,则予以批评。

(5) 组织集体活动,增进员工之间的相互了解,消除隔阂,加强团结。

(6) 加强企业文化建设,增强员工对企业的认同感和责任感,使员工在工作中能以企业利益为重,以酒店整体利益为重,以酒店大局为重,进一步做好各环节的沟通与协调。

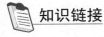 知识链接

旅游饭店星级的划分与评定

1. 旅游饭店 tourist hotels

以间(套)夜为单位出租客房,以住宿服务为主,并提供餐饮、商务、会议、休闲、度假等相应服务的住宿设施。

2023版旅游
饭店星级的
划分与评定

2. 星级和标志

旅游饭店星级分为五个级别,由低到高为一星级、二星级、三星级、四星级、五星级。星级标志由长城和五角星图案构成,用星的数量和颜色表示旅游饭店的星级。

小　结

本模块重点介绍了酒店前厅部的布局和环境。通过学习,学生了解前厅环境设置的注意事项,熟悉前厅功能布局,熟悉前厅部例会的流程,了解前厅部与其他部门的信息沟通。学习本模块有助于学生顺利地与相关部门沟通,能够组织前厅部例会。

课 外 思 考

1. 前厅按照功能布局分为哪几个区?
2. 前厅环境布局应注意哪些问题?
3. 前厅部例会应遵循哪些原则?

课 后 作 业

一、判断题

1. 当大堂人流量较多时,为了确保室内温度,应把旋转门设为旋转模式。(　　)
2. 接待大型会议的酒店,应设置手扶电梯,避免长时间等待。(　　)
3. 接待区域应设置暖光,给客人热情的感觉。(　　)
4. 为了提高就医效率,应该让救护车停在酒店大门口。(　　)

二、问答题

1. 前厅运行时是如何与酒店相关部门进行沟通的?
2. 关于住店客人的安全,前厅部需要关注哪些问题?

前厅宾客关系管理

学习目标

知识目标：掌握客史档案的分类和收集；掌握 VIP 接待的流程；了解行政楼层服务；了解会员制度；了解大堂副理的岗位职责；熟悉处理客诉的方法和流程；熟悉异常情况的处理流程。

能力目标：能够正确地整理客史档案；能够完成行政楼层服务；能够处理客人的一般投诉；能够帮助客人解决在结账时遇到的困难。

课程思政：敬业乐业，热爱本职工作；高度的工作责任心，乐于助人。

项目一　客史档案

客史档案又叫宾客档案，是在酒店接待工作中记录下来的具有参考利用价值并且按照一定制度归档存查的一种专业档案，包括对客人的自然情况、消费行为、信用状况、癖好和期望等做的历史记录。建立客史档案是酒店了解客人、掌握客人的需求特点，从而为客人提供有针对性的优质服务的重要途径。建立客史档案对于提高酒店的服务质量、改善酒店的经营水平具有重要意义。

一、建立客史档案的意义

客史档案的建立，不仅能使酒店根据客人的需求为客人提供有针对性的、更加细致入微的服务，而且有助于酒店平时做好促销工作，争取更多的回头客，拓展酒店的客源市场，对于提高酒店服务质量、改善酒店经营管理水平具有重要的意义。

1. 有利于酒店提供个性化服务，增加人情味

服务的标准化、规范化是保障酒店服务质量的基础，而个性化服务则是酒店质量的灵魂。要提高服务质量，必须为客人提供更加富有人情味的、突破标准化与规范化的个性化服务。这是服务质量的最高境界，是酒店服务的发展趋势。

2. 有利于做好针对性的促销工作，争取回头客，培养忠诚顾客

客史档案的科学运用有助于酒店培养一大批忠诚顾客。一方面可以降低酒店开拓市场的压力和投入；另一方面由于忠诚客户对酒店产品、服务环境更熟悉，具有信任感，他们的

综合消费支出也就相应比新客户更高,而且顾客忠诚度越高,保持忠诚的时间越长,酒店的效益也就越好。

客史档案的建立,能使酒店根据客人的需求,为客人提供有针对性的促销服务。比如,通过客史档案了解客人的自然条件,定期与客人取得联系,为酒店培养更多的忠诚顾客。

3. 有助于提高酒店经营决策的科学性,提高其经营管理水平

任何一家酒店都应该有自己的目标市场,通过最大限度地满足目标市场的需要来赢得客人,获取利润,提高经济效益。如果酒店管理者未能很好地利用这一潜力巨大的资料库,忽视了它的作用,就会影响酒店的经营活动,进而影响酒店经营决策的科学性。

4. 有利于提高酒店工作效率

客史档案为酒店的经营决策和服务提供了翔实的基础材料,使酒店的经营活动能够有的放矢,避免了许多不必要的时间、精力、资金的浪费。由于对客人消费情况的熟悉,员工的服务准备变得更为轻松,能够提高对客服务的效率。同时,服务人员通过对客人的了解,建立起良好的对客关系,有助于酒店工作氛围的改善和员工的工作热情的提升,员工的主动精神将有效发挥,也将极大地提高酒店整体的工作效率。

5. 有利于塑造酒店的显性品牌

口碑效应是酒店品牌塑造的关键因素,忠诚客户的一个显著的特点是会向社会、同事、亲戚朋友推荐酒店,义务宣传酒店的产品和优点,为酒店树立良好的口碑,从而带来新的客源。根据客史档案划分、培养忠诚客户,可以为酒店创造更为重要的边际效应。

二、客史档案的分类

客史档案

1. 常规档案

常规档案主要包括来宾姓名、国籍、地址、电话号码、单位名称、年龄、出生日期、婚姻状况、性别、职务、同行人数等。收集客人的基本信息,使酒店建立起"客人是谁"的概念。一方面有助于服务人员了解客人的基本情况,每次客人抵店的时候都能准确地称呼客人,使服务人员与客人从陌生到熟知,有助于改善服务人员与客人之间的关系;另一方面,这些基本信息有助于提供个性化的服务,比如在客人生日的时候送上一份小礼物。酒店收集和保存这些资料,同时也可以了解市场基本情况,掌握客源市场的动向及客源数量等。

2. 消费特征档案

消费特征档案主要包括客房的种类、房价、餐费,客人在商品、娱乐等其他项目上的消费,客人的信用卡账号,客人对服务设施的要求、喜好等。通过以上内容,酒店可以了解客人的消费水平、支付能力以及消费信用状况等,也有助于酒店的经营决策管理。

3. 预订档案

预订档案包括客人的预订方式,介绍人,订房的季节、月份、日期及订房的类型等。掌握客人预订信息有助于酒店掌握客人的预定偏好,更有针对性地对客促销。掌握这些资料同时有助于了解酒店的预订情况,保证酒店的出租率,帮助选择销售渠道,做好促销工作,为酒店的预订政策提供决策依据。

4. 个性档案

个性档案是客史档案中最重要的内容,主要包括客人的脾气、性格、爱好、兴趣、生活习俗、宗教信仰、生活禁忌、特殊要求等。这些资料有助于酒店有针对性地提供个性化服务。

5. 反馈意见档案

反馈意见档案包括客人对酒店的表扬、批评、建议和投诉记录等,是酒店与客人之间在服务质量、住店感受等方面进行沟通的重要记录。客人对于酒店的意见及建议有助于酒店有针对性地改善自身的服务方式,提高服务质量;客人的表扬和赞誉是客人对于酒店服务的肯定,是酒店服务质量的有力证明;客人的投诉则是酒店对客服务过程中应当完善的关键环节,同时要关注客人是否对于投诉处理结果满意,将酒店的不满意客人变成满意客人。

三、客史档案资料的收集与管理

1. 客史档案资料的收集

及时、准确地收集和整理客史档案资料,是做好客史档案管理工作的基础。这既要求酒店要有切实可行的信息收集方法,又要求前台和酒店其他对客服务部门的员工用心服务,善于捕捉有用信息。

收集客史档案资料的主要途径有如下四种。

（1）总台通过预订单、办理入住登记、退房结账等收集有关信息。有些信息从客人的证件和登记资料中无法获得,应从其他途径寻觅,如索取客人的名片、与客人交谈等。

（2）大堂副理每天拜访客人,了解并记录客人的服务需求和对酒店的评价;接受并处理客人的投诉,分析并记录投诉产生的原因、处理经过及客人对投诉处理结果的满意程度。

（3）客房、餐饮、康乐、营销等服务部门的全体员工主动与客人交流,对客人反映的意见、建议和特殊需求认真记录,并及时反馈。

（4）酒店有关部门及时收集客人在报纸、电台、电视台等媒体上发表的有关酒店服务与管理、声誉与形象等方面的评价。

2. 客史档案的管理

酒店的客史档案管理工作一般由前厅部承担,而客史信息的收集工作要依赖于全酒店的各个服务部门。所以,做好这项工作必须依靠前厅部员工的努力,同时还有赖于酒店其他部门的大力支持和密切配合。客史档案的管理工作主要有以下几方面内容。

（1）分类管理。为了便于客史档案的管理和使用,应对客史档案进行分类管理。如按国别和地区划分,客史档案可分为国外客人和国内客人的档案;如按信誉程度划分,可分为信誉良好的客人、信誉较好的客人、黑名单客人等的档案。经过归类整理的客史档案是其有效运行的基础和保证。

客史档案
的管理

（2）有效运行。建立客史档案的目的,就是使其在有效运行中发挥作用,不断提高酒店的经营管理水平和服务质量。客人订房时,预订员可以了解其曾否住过店。属重新订房的,可直接调用以往客史档案,打印客史档案卡,与订房资料一道存放,并按时传递给总台接待员;属首次订房的,应将常规资料和客人特殊要求录入计算机,并按时传递给总台接待员。总台接待员将次日抵店的客人档案卡取出,做好抵店前的准备工作。未经预订的常客抵店,总台接待员在客人填写登记表时,调出该客人的客史档案,以提供个性化服务。未经预订的客人第一次住店,总台接待员应将有关信息录入计算机。对涉及客房、餐饮、康乐、保安等部门服务要求的,要及时将信息传递到位。

（3）定期清理。为了充分发挥客史档案的作用,酒店应每年系统地对客史档案进行1～2次检查和整理,检查资料的准确性,整理和删除过期的档案。对久未住店的客人档案予以整理前,最好给客人寄一份"召回书",以唤回客人对曾住过酒店的美好回忆。

项目二　大堂副理

　　走进富丽堂皇的酒店大堂,您会在其一侧注意到一张典雅、精美的桌子,上面摆放着鲜花,后面坐着一位能讲一口流利英语的、和颜悦色的酒店"官员",他（她）就是酒店的大堂副理。

　　大堂副理的主要职责是代表酒店总经理接待每一位在酒店遇到困难而需要帮助的客人,并在自己的职权范围内予以解决,包括回答客人问询、解决客人的疑难、处理客人投诉等。因此,大堂副理是酒店和客人之间沟通的桥梁,是客人的益友,是酒店建立良好宾客关系的重要环节。

　　在我国,三星级以上酒店一般都设有大堂副理。大堂副理可以是主管级,也可以是部门副经理级,以体现这一职位的重要性和权威性。对大堂副理的管理模式通常有两种:一种是隶属于前厅部;另一种是由总经理办公室直接管理,大堂副理向总经理办公室主任或直接向总经理汇报。以上两种模式各有其合理性和利弊。从工作性质（属于对客服务项目）和工作岗位的位置（位于前厅大堂）来讲,应属于前厅部;而从职责范围来讲,大堂副理涉及酒店各个部门,为了便于协调管理和有效地开展工作,应由总经理办公室直接管理。还有的酒店将大堂副理划归质监部,向质监部经理（或总监）负责,直接处理出现在各部门的服务质量问题和客人投诉问题,以增强其权威性。具体而言,各酒店应根据自身的实际情况来决定。

　　无论采用哪种管理模式和体制,都要明确大堂副理管理的岗位职责和管理权限,否则他将很难开展工作（在一些涉外酒店,大堂副理已沦为酒店的"翻译",当出现客人投诉或客人与酒店发生冲突时,他只是被请去充当"翻译"的角色）,或者与其他部门经理、主管的权力发生冲突,影响协调和团结。

一、大堂副理的岗位说明书

大堂副理的岗位职责和素质要求

　　1. 岗位职责

　　（1）代表酒店管理机构处理客人投诉,解决客人的疑难问题,及时将客人意见中关于服务质量方面的问题向总经理汇报,并提出改进意见。

　　（2）作为酒店管理机构的代表,检查各部门员工的纪律、着装、仪容仪表及工作状况,代表总经理做好日常的贵宾接待工作,完成总经理临时委托的各项工作。

　　（3）回答宾客的一切询问,并向宾客提供一切必要的协助和服务。

　　（4）维护大堂秩序,确保宾客的人身和财产安全,以及酒店员工和酒店财产的安全。

　　（5）抽查酒店各部门的清洁卫生工作及设备设施的维护保养水准。

　　（6）负责协调处理宾客的疾病和死亡事故。

　　（7）征求宾客意见,沟通酒店与宾客间的情感,维护酒店的声誉。

（8）处理员工和客人的争吵事件。

（9）保证宴会活动的正常接待。

（10）确保大堂秩序良好，无衣冠不整、行为不端者。

（11）每日参加部门经理例会，通报客人投诉情况、员工违纪等，并提出相关建议。

（12）协助前厅部经理指导并检查前台、预订、总机、门童和礼宾部的工作，做好前厅部的日常管理。

（13）协助前厅部员工处理好日常接待中出现的各种问题（如超额预订问题、客人丢失保险箱钥匙问题、客人签账超额而无法付款的问题、逃账事件以及其他账务等方面的问题）。

（14）沟通前厅部与各部门之间的关系。

（15）完整、详细地记录在值班期间所发生和处理的任何事项，将一些特殊的、重要的及具有普遍性的内容整理成文，交前厅部经理阅后呈总经理批示。

（16）协助保安部调查异常事物和不受欢迎的客人。

（17）认真做好每日的工作日志，对重大事件认真记录存档。

2．素质要求

（1）受过良好的教育，大专以上学历。

（2）在前台岗位工作 3 年以上，有较丰富的酒店实际工作经验，熟悉客房、前厅工作，略懂餐饮、工程和财务知识。

（3）有良好的外部形象，风度优雅。

（4）能应付各类突发事件，遇事沉着，头脑冷静，随机处理。

（5）个性开朗，乐于且善于与人打交道，有高超的人际沟通技巧，能妥善处理好与客人、各部门之间的关系，有较强的写作及口头的表达能力。

（6）口齿清楚，语言得体。

（7）外语流利，能用一门以上外语（其中一门是英语）与客人沟通。

（8）见识广，知识面宽。了解公关、心理学、礼仪、旅游等知识，掌握计算机使用知识，掌握所在城市的历史与游乐场所购物及饮食场所的地点，了解主要国家的风土人情。

（9）对国家及酒店的政策规定有着充分的了解。

（10）具有高度的工作和服务热忱。

（11）彬彬有礼，不卑不亢。

二、大堂副理的工作程序

1．VIP 的接待程序

1）抵店前的准备工作

（1）了解 VIP 客人姓名、职务、习惯及到店时间。

（2）在 VIP 到达之前检查 VIP 入住登记单情况。

（3）检查 VIP 房的分配情况和房间状况，确保 VIP 房的最佳状况。

（4）在 VIP 到达前一小时，检查鲜花水果和欢迎信的派送情况，督促接待人员半小时前到位，提醒总经理提前十分钟到位，确保一切接待工作准确无误。

2）抵店时的接待工作

（1）VIP进入大堂时，要用准确的客人职务或客人姓名来称呼和迎接客人。

（2）引领VIP客人进入预分的房间，查看客人的有效证件，确保入住单打印的内容准确无误，并礼貌地请客人在入住单上签字。

（3）向VIP客人介绍客房及酒店内设施、设备。

（4）征求VIP客人的意见，随时提供特殊的服务。

3）离店后的后续工作

（1）接待完VIP客人后，要及时把入住单交给前厅，准确无误地输入各种信息。

（2）做好VIP客人的接待记录，必要时及时向总经理报告VIP客人的到店情况和接待情况。

（3）协助预订部建立、更改VIP客人的档案，准确记录客人的姓名、职务、入店时间、离店时间、首次或多次住店、特殊要求等情况，作为以后订房和服务的参考资料。

2．处理客人投诉

1）接受宾客的投诉

（1）确认是否为住店客人，记录客人的姓名、房号、投诉部门和事项。

（2）听取宾客的投诉：头脑冷静、面带微笑、仔细倾听，对宾客遇到的不快表示理解，并致以歉意。

（3）对客人的投诉，酒店无论是否有过错，都不要申辩，尤其是对火气正大或脾气暴躁的客人，先不要做解释，要先向客人道歉，表示安慰，让客人感到你是真心实意为他着想。

2）处理宾客的投诉

（1）对一些简单、易解决的投诉，要尽快解决，并征求客人的解决意见。

（2）对一些不易解决或对其他部门的投诉，首先要向客人道歉，并感谢客人的投诉，同时向有关经理汇报。

（3）查清事实并作处理，同时将处理结果通知客人本人，并征求客人对解决投诉的意见，以表示酒店对客人投诉的重视。

（4）处理完客人的投诉后，要再次向客人致歉，并感谢客人的投诉，使酒店在其心目中留下美好的印象，以消除客人的不快。

3）记录投诉

（1）详细记录投诉客人的姓名、房号或地址、电话、投诉时间、投诉事由和处理结果。

（2）将重大的投诉或重要客人的投诉整理成文，经前厅部经理阅后呈总经理批示。

3．为住店客人过生日

1）做好准备工作

（1）在客人生日申报单上签字。生日客人的查询由前厅夜班负责，如有生日客人，填写客人生日申报单，然后交由大堂副理签字。

（2）将经签字的"客人生日申报单"一份交回前厅留存，另一份由前厅交餐饮部准备生日蛋糕。

（3）通知柜台员工，以备随时祝贺客人生日快乐。

（4）从办公室秘书处领取生日贺卡，请总经理签字后，准备送入客人房间。

对客沟通
"五个要"

2）祝贺客人生日快乐

（1）与客人取得联系，在适当的时候持生日贺卡上楼，由送餐人员送上蛋糕，同时祝贺客人生日快乐。

（2）借此机会与客人做短暂交谈，征求客人的意见。

（3）将上述工作详细记录在记录本上。

三、大堂副理工作"五忌"

1. 忌总是刻板地呆坐在工作台

大堂副理大多数时间应在大堂迎来送往，招呼来来去去的客人，随机回答客人的一些问询，不放过能与客人交流的任何机会。这一方面方便了客人，使酒店的服务具有人情味，增加了大堂副理的亲和力；另一方面可以收集到更多宾客对于酒店的意见和建议，以利于发现酒店服务与管理中存在的问题与不足，及时发现隐患苗头，抢在客人投诉之前进行事前控制。

2. 忌在客人面前称酒店其他部门的员工为"他们"

在客人心目中，酒店是一个整体，不论是哪个部门出现问题，都会认为就是酒店的责任，而大堂副理是代表酒店开展工作的，故切忌在客人面前称别的部门员工为"他们"。

3. 忌在处理投诉时不注意时间、场合、地点

有的大堂副理在处理宾客投诉时往往只重视了及时性原则，而忽略了处理问题的灵活性和艺术性。例如，在客人午休、进餐、发怒时，或在发廊、宴会厅等公共场所去处理投诉，效果往往不佳，还可能引起客人反感。

4. 忌缺乏自信，在客人面前表现出过分的谦卑

确切地说，大堂副理是代表酒店总经理处理客人的投诉和进行相关的接待，其一言一行代表着酒店的形象，应表现出充分的自信，彬彬有礼，热情好客，不卑不亢，谦恭而非卑微。过分的谦卑是缺乏自信的表现，往往会被客人看不起，对酒店失去信心。

5. 忌不熟悉酒店业务和相关知识

大堂副理应熟悉酒店业务知识和相关知识，如前台和客房服务程序、送餐服务、收银程序及相关拥宅、酒店折扣情况、信用卡知识、洗涤知识、基本法律法规、民航票务知识等，否则会影响处理投诉的准确性和及时性，同时也将失去客人对酒店的信赖。

四、前厅突发情况处理

酒店是一个小世界，什么样的事情都有可能发生，在遇到下列几种特殊情况时，大堂副理应参照以下程序进行工作。

1. 房客生病或受伤

（1）房客若在居住期间生病或受伤，先以电话询问病情，然后再依病情和客人的要求，决定请医生来或是去医院治疗。

（2）若客人确实病情严重，或有特殊要求，可联系医院请求医生出诊。请医生出诊应事先电话提供病人的详细情况；情况紧急，可拨打电话120，请急救中心出诊；在紧急情况下，如心脏病等,白天可请医务室帮忙就诊;病人若行走不便,可安排轮椅(存在行李房)或担架(客房加床用的折叠床即可)。当需要使用救护车和折叠床等情况时,应尽量避免经过人多的区域(如酒店大门口、酒店大堂等),避免引起其他客人的恐慌。

(3)在与医院联系后,要协助客人订好出租车,并告知司机医院的确切位置。在遇无出租车的情况下,可联系酒店车队。

(4)客人需要住院治疗时,将客人的病情及房号等做记录,如有可能应通知其在当地的亲友。

(5)保留房间:客人在住院期间若欲保留其房间,则通知客房部,若不需要保留房间,则征得客人同意后,帮助整理行李并寄存于行李房,衣服可存于客房服务中心。

(6)对于患有传染病的房客,确保其隔离就医后,对房间及房内物品做彻底消毒,同时对楼道及有关区域进行消毒处理。

(7)要求药物:酒店不可提供内服药品,若客人要求酒店代买,则请客人签署授权书,注明购买药品的地点和药品种类。大堂副理一般会准备紧急药箱,里面有可以处理简单外伤的创可贴、纱布、云南白药等。

服务醉
酒客人

2. 醉酒客人

当发现醉酒客人时,应观察其状态,并根据具体情况提供服务。

(1)若客人意识较为清醒,则通过沟通,了解客人意图。若客人为住店客人,帮助客人查明身份和房间号码,送客人回房间;若客人为非住店客人,则根据客人意愿,帮助客人办理入住或订出租车。

(2)若客人已失去意识,首先通知安全部到场,避免发生意外。尝试唤醒客人,并通过客人的手机联系客人亲友前来处理。当沟通不畅或醉酒情况较为严重时,应及时报警或通知医院急救。

前厅部经常会遇到客人酒后前来办理入住的情况。醉酒客人一般会出现恶心、头晕等身体不适的情况,对于酒店员工沟通的反馈较差。办理入住时应提高效率,省略不必要的介绍,使客人能够迅速回房休息。在适当的时候,可为客人送上醒酒茶、热毛巾等物品,帮助客人,体现对客人的关怀。

醉酒的客人自控能力较差,对接待人员的人身安全、酒店的财务安全,甚至是客人自己的人身、财务安全等,都会带来一定的威胁。当客人出现出言不逊、言语攻击等现象时,需要理解客人的醉酒状态,切忌与客人争执,激化矛盾。当客人表现出攻击意图时,应迅速离开现场,并通知安全部处理情况。为了避免酒后破坏行为,也要收取足够的押金,避免酒吐、烟洞等对客房设施的破坏。由于呕吐物导致的气管堵塞是能够致死的,因此,对于醉酒状况较为严重的客人,要定期到房间查看其状况,避免发生意外。

凌晨是客人醉酒的多发时刻,夜班大堂副理尤其要注意做好大堂区域的巡视工作,避免醉酒客人在大堂吧、休息区的沙发等处睡着,发生意外。在必要时,也可以请客人去房间休息,体现人道主义关怀。

3. 客人被困电梯

消控中心工作人员应时刻关注电梯间的监控,及时发现电梯的异常情况。当客人发现电梯故障时,会通过紧急呼救按钮与消控中心取得联系,消控中心应立即联系大堂副理,并派安全部员工前往处理。

大堂副理收到通知后,应立即联系电梯维护人员前来修理。由于电梯的技术要求较高,一般酒店的工程部不具备修理电梯的资质,供应商的相关人员会在临近地区待命,避免出现故障。

其后,大堂副理来到电梯产生故障的相应楼层,在电梯外与客人保持沟通,关心客人的身体情况,避免客人因密闭空间、焦虑等问题引发其他不良反应,并适当介绍电梯故障时的处理情况,让客人做好准备。

电梯重新工作后,要对客人表示歉意,并按照投诉处理的流程来对客人的遭遇进行补偿。

4. 房客自杀或死亡

(1)若发现此状况,而未能确定是否已死亡时,立即报保安部,并请医务室或特约医院叫救护车送往医院急救,将事件报告总经理并做记录。

(2)立即封锁现场及消息,并通知客房部、公关部等有关单位,由保安部经理判断是否报警处理。

(3)死亡。凡有房客死亡时,应立即报警并报保安部、总经理。

5. 火灾

(1)当酒店区域内发生火警警报时,消控中心会第一时间通知总机,总机按"接火警通知方案"程序通知有关人员。大堂副理接到火警通知后,应携带万能钥匙和手电筒迅速赶到现场。

(2)若火灾发生在厨房,应通知工程部立即关闭所有煤气阀门,关掉所有电源,关闭受影响的一切通风装置。

(3)检查火警现场,并与保安部、工程部等有关部门的人员取得联系,在最高领导决策后,决定是否报"119"派消防车支援。

(4)根据现场情况,做好各部门协调工作,在最高领导决定后,组织客人撤离现场。

(5)当需要将客人安排到其他酒店时,大堂副理应立即与其他酒店取得联系。

6. 突发停电

(1)大堂副理发现停电后,首先联系工程部,询问具体情况。

(2)联系消控中心,观察电梯监控,避免由于电力切换导致宾客被困电梯。

(3)检查计算机系统的备用电源,确保门锁系统、管理信息系统能够正常使用。

(4)将情况及时与总机沟通,以便客人来电询问时,能够及时向客人传达情况。并要求总机记录好来电客人的房间,以便之后进行服务补救。

(5)大堂副理在工作日志上记录下停电发生、恢复的时间及有关事件的相关情况。

7. 客房管理系统故障

(1)为了避免管理信息系统出现故障,前厅部一般要求设置定期下载相关数据报表。

(2)当管理信息系统出现故障时,大堂副理应立即打印数据报表,查看到店数据和房间占用情况。

(3)请客房部查看房间状况,确认可租房情况。

(4)当门锁系统故障时,启用备用房卡,配合万能钥匙帮客人办理入住手续。备用房卡不需要在门锁系统中操作,可与客房门锁实现绑定,但必须由大堂副理亲自到房间门口进行设置。等系统恢复正常后,制作新的房卡,替换客人的备用房卡。

8.酒店财物受损

(1)首先确认是否出现人员伤亡,并采取相关措施。

(2)若受损区域为公共区域,则使用防护隔离设备进行分隔,避免扩大损伤、人员受伤。

(3)然后立即联系工程、客房部工作人员,对相关物品的受损程度进行估值,并确定处理方案。

(4)查找事故原因,若存在客人行为不当,则需要与客人进行沟通,说明赔偿事宜。

9.偷盗

(1)发生任何偷盗现象均需首先报酒店保安部。

(2)接到通知后,同保安人员赶到现场,若发生在房间,则同时通知客房部主管前往。

(3)请保安部通知监控室注意店内有关区域是否有可疑人物。

(4)查询客人被盗物品及是否曾有客来访的有关资料,并做记录;视客人要求,由客人决定是否向公安机关报案。

(5)若客人有物品遗失,无论酒店有无责任赔偿,均应酌情给予关照。

(6)通常情况下,酒店不开据遗失证明,若客人信用卡遗失,可由大堂副理代为联络银行止付。

(7)一般要由客人自己报案,大堂副理派人联系,最好由保安部和大堂副理同时出面与客人交涉,外籍客人需报市公安局外管处;国内客人报案,可到当地派出所,也可报公安局。

(8)若住店客人在店外被盗,征得客人同意后,大堂副理可协助客人向事发地区公安机关报案。

10.请勿打扰房处理

当客人设置房间免打扰时,客房服务员不会进入房间,也不会敲门打扰。但是为了确保住店客人的安全,前厅部依然要做好免打扰房间的控制。

在客人入住时,前台需要对请勿打扰的设置做相关说明,询问客人对打扫房间时间的要求,并记录客人的反馈信息。

客房服务员在每日10点、14点、18点记录设置免打扰的房间,并通知前台,前台根据系统备注查看房间设置免打扰的原因,将异常情况报告给大堂副理。对于没有特殊要求的客人,大堂副理在14点致电房间,询问客人是否需要打扫房间,并记录客人的反馈信息。

若房间出现长时间的请勿打扰状况,即使客人有事先说明,也应及时联系客人。当无法联系上客人时,大堂副理应通知安全部,与客房服务员三方一起进入房间,查看房间状况,避免发生意外。

11.保险箱上锁

客房保险箱的解码器和钥匙由大堂副理保管,放置在前厅部保险箱内,使用需做好登记。

当客房服务员查房发现空房保险箱上锁时,大堂副理应通知安全部,与保安、客房服务员一起到达房间。在三方在场的情况下使用解码器打开保险箱,记录保险箱开启情况。将内部物品逐一取出,并登记在遗留物品清单上,由三方签字确认,后将贵重物品转移至前厅部贵重物品保险箱,并做好备注。大堂副理负责联系客人,商讨遗留物品的相关事宜。

当在住客人提出需要打开房间内保险箱时,大堂副理应通知安全部,与保安一起抵达房间。根据系统信息确认客人身份,并请客人描述保险箱内物品。当着客人的面打开保险箱,确认箱内物品与客人的描述一致。

12. 员工意外

员工发生意外,通常由员工所在部门的经理会同人事部经理处理,节假日由大堂副理代为处理,并做记录,次日转交以上两部门处理。

项目三　客人投诉处理

一、客人投诉分析

投诉是对客服务行业所无法避免的,酒店在为客服务的过程中,客人由于种种的原因,比如酒店设施设备、服务人员态度或者客人主观的感受等各种各样的原因对酒店进行投诉。这个过程,实质是客人在酒店内消费时付出的花费没有达到客人预期的价值享受,也就是说客人在酒店内的花费与酒店内的服务产品质量不成正比,客人所感受和享受到的服务没有达到预期要求,从而造成客人的投诉。

1. 客人投诉的原因

(1)主观方面。由于客人的需求不同、价值观不同、对问题的看法不一致,而导致不同的感受和看法,或对有些方面存在误解,即客人认为在酒店的设施设备、服务项目或者受到的服务方式及感受没有达到他的主观要求,低于其预期估计的效果。客人由于非酒店原因而产生不满,导致心情不佳,需要宣泄,故意挑剔以求得到折扣或者低价服务。

(2)客观方面。酒店的某些设施设备、服务项目的设置、装修、环境等酒店硬件没有达到相应的标准或没有跟价格相匹配,没有体现出"价有所值"。或者由于酒店工作人员的原因,服务人员服务技能、服务方式、服务态度不佳,使客人产生了不满心理,从而引起投诉。

2. 客人投诉的心理

客人的投诉一定是出于对酒店的服务不满,酒店在处理客人投诉时,在了解客人投诉原因的同时,要正确地认识到客人投诉的心态及其投诉的诉求,以便更好地处理客人的投诉,化不满意为满意。

(1)求尊重的心态。客人采取投诉行为,将自己感到不满意的事情说出来,希望酒店认为他们的投诉是对的,并立即采取相应的行动,客人希望得到酒店的重视,取得店方的尊重。这类客人比较理智,客人的投诉一般都是较为合理的要求。只要酒店立即采取改进措施,就容易争取到客人的谅解,但如果处理不当,客人就可能会要求酒店赔偿,使事态扩大。

(2)求发泄的心态。求发泄即客人在碰到令他们不满的事情之后,心中的怒气要利用投诉的机会发泄出来,以维持他们的心理平衡。处理这类投诉的有效方法是尽快使客人消气,并立即采取必要的补救措施。

(3)求补偿的心态。当客人投诉时,有部分客人的注意力并不集中在酒店能够给予合理的解释,而是希望得到实实在在的补偿。客人通过投诉,希望酒店不仅认可其所投诉的内容，对其表示歉意，还能够给予其一定的补偿，包含精神和物质两个方面，以弥补客人所造成的损失。

俗话说得好，礼多人不怪。不论客人出于何种心理投诉，积极迅速地应对、认真负责的态度、事中事后表达适度的关注，都是拉近双方距离的有效方法。

3. 客人投诉对于酒店的意义

（1）投诉有利于发现酒店质量问题。酒店的服务质量问题是客观存在的，客人的投诉可以帮助酒店认识到酒店设施设备、服务项目、服务态度及方式等方面存在的不足，及时发现问题，积极地改进酒店各方面的缺陷，提高服务质量及水平。

（2）投诉给了酒店服务补救的机会。研究表明，在入住过程中遭遇了问题，但问题被圆满解决的客人，对于酒店处理问题的能力有更深的了解，会更加信任该酒店。凡是向酒店投诉的客人，往往对酒店抱有一种期望和信任感，希望酒店不断改进并提高服务质量。因此，酒店在面对客人投诉时，一定要充分重视，并采取多种措施，使客人满意。如果客人的投诉及时、恰当地得到处理，就能使不满意的客人转变为满意的客人，满意的客人会再次光临酒店，成为酒店的忠诚客人。

良好宾客关系的建立

（3）高效地处理投诉有利于酒店提高品牌知名度和美誉度。有研究表明，"使 1 位客人满意，就可招揽 8 位客人上门。惹恼了 1 位客人，则会导致 25 位客人从此不再登门"。这是因为，满意的客人不仅自身成为酒店的回头客，同时会向周围的人传递酒店的优质服务及品质，从而影响更多的人对酒店品牌及服务的认知，提高酒店的知名度及美誉度。与之相反，不满的客人虽然可能当下保持沉默，但是他们不仅不会再次光临，还会将不满的经历告知他人，甚至传上社交媒体，影响更多的客人，包括潜在客人，形成对酒店服务及品牌的负面印象，造成一定程度的负面影响。高效处理投诉，树立对宾客负责的品牌形象，可以促使更多的客人相信酒店，直接投诉可避免他们带着不满离开，并因此造成负面影响。

综上所述，投诉虽然带来了劳动力和财力的付出，但也检验了酒店的服务质量和补救措施。正确地处理投诉，使客人满意地离开酒店，就可以化解危机，并吸引客人再次入住。因此，酒店管理者要正确地认识投诉，积极地与客人沟通，发现问题并解决问题。

二、客人投诉类型

1. 对设施设备的投诉

设施设备作为酒店服务的硬件，有时由于质量不够好，在对客服务过程中出现了各种问题。如果是由于设备陈旧，那么酒店应当积极对各项设施设备实施定期检查、维护及保养，建立健全的设施设备管理制度，可以避免由于设施设备造成的客人不满，坚决杜绝事故的发生。有的时候，客人对于设施设备的投诉源于认为酒店的设施设备没有达到相应的星级要求，或者认为没有得到酒店价格所对应的设施设备等级所引起的不满。面对这种投诉，酒店应当充分认识到自身的错误，诚恳地向客人道歉，尽可能更新陈旧设备，使客人觉得酒店的服务物超所值，同时面对这类客人可以给予一定的折扣补偿。

2. 对服务项目及质量的投诉

（1）针对服务项目的不满。这类投诉主要包括服务项目的设置不合理，缺少客人所要求的服务项目，导致客人在店内无法享受到某些服务。针对这类投诉，服务人员唯有耐心地解释,并向客人致歉。

（2）针对服务质量的不满。这类投诉主要针对服务人员的服务技能不足,或者对客管理过程中的失误造成客人的不满,比如排重房间、叫醒过时、行李无人搬运、住客在房间内受到骚扰、财物在店内丢失、服务不一视同仁等。减少这类投诉的方法是强化服务人员的服务技能和提高酒店的管理水平。

对服务态度的投诉主要针对服务人员的对客态度,包括冷漠的接待方式、粗暴的语言、戏弄的行为、不负责任的答复等。客人认为在享受酒店服务时,没有得到应有的尊重。减少此类投诉的有效方法是增强服务人员的服务意识,加强有关员工处理对客关系的培训。

3. 对酒店经营规定及制度的投诉

客人对酒店内相应的规定及制度产生不满,引起投诉。例如,客人对房价、入店手续、会客等相应规定表示不认同。遇到这类情况,要对客人做好解释工作,指明规定是为了保障客人的利益,从多角度、多方面帮助客人消除疑虑。

4. 有关其他客人的投诉

酒店是人与人交流相处的公共区域,酒店的客人来自五湖四海,观念不同,习惯不一,难免会出现一些问题。例如,隔壁房间有噪声,有客人穿睡衣出现在公共区域,醉酒客人发生争执等。酒店作为客人的暂时居所,应该营造舒适、文明的居住环境,有责任制止不文明行为,一视同仁地看待每一位客人。若客人情绪失控,无法正常沟通的,应注意保护安全,并及时报警。

5. 有关异常事件的投诉

这类投诉主要包括由非酒店原因所造成的不满,比如由于市政原因所造成的停电、停水,以及一些意外事情所造成的对客影响。这样的投诉是酒店也难以控制的,但客人却希望酒店能帮助解决。处理此类投诉,酒店不应消极逃避责任,而应当尽量安抚客人,想方设法在力所能及的范围内尽快解决客人的问题。若实在无能为力,应尽早向客人解释,取得客人谅解。

三、客人投诉的处理原则与流程

1. 处理原则

面对客人投诉,酒店应给予充分重视,在处理客人投诉时,应遵循下列原则。

（1）诚心诚意地帮助客人投诉。客人可能十分气愤、十分沮丧、十分生气等,作为前厅工作人员要同情其处境,理解其愤怒,包容其指责,满怀诚意地帮助客人解决问题。只有真心诚意地去帮助客人才能赢得客人的信任和好感,才能有助于问题的解决。酒店要制定合理有效的有关处理投诉的规定和程序,遇到自己不能处理的事要按照规定及时、灵活地转交上级,不能使投诉中出现"空白"和"断层"。凡本人能处理好的投诉,坚决不推诿、不转移,否则将会引起客人更大的不满。

（2）绝不与客人争辩。有的客人投诉时,情绪可能非常激动,并且无论是不是你的过错都对你怒气冲冲,横加指责。这种时候,作为前厅部员工一定要能忍耐,注意礼貌,耐心听取客人意见然后对其表示歉意。绝不可一时激动,与客人发生争执。也不要试图说服客人,因为任何解释都隐含着"客人错了"的意思。作为处理投诉的工作人员必须明白,客人不是我

投诉处
理原则

们争论斗智的对象,争辩不利于解决客人的不满。

（3）绝对地尊重客人。不满意的客人在投诉的时候,极易被别人理解成无理取闹,甚至容易被酒店工作人员认为客人是故意挑错,以获得经济上、物质上的补偿,这种情形极易对客人造成心理伤害。酒店工作人员在面对和处理客人投诉时,一定要对客人表示充分的尊重,要相信没有一个客人会无事找事。他们投诉总会有他们的理由。

（4）维护酒店应有的利益。作为酒店工作人员在处理客人投诉时,要认真听取客人意见并表示同情,积极地消除客人的不满,同时注意不要损害酒店的利益。一方面,不可随意推卸责任,当着客人的面贬低酒店其他部门或服务人员。另一方面,要以事实为依据,具体问题具体分析,不使客人蒙受不应有的经济损失,不使酒店无故承担赔偿责任。要明白,从经济上补偿客人的损失和伤害并非是解决问题的唯一有效的方法,应在尽量不损害酒店利益的前提下,谋求酒店利润与客人满意度的最大化。

投诉处
理流程

2. 处理流程

（1）聆听情况,做好记录。对于投诉客人来说,他们首先需要的是理解与支持,他们需要倾诉在酒店受到的不当对待。作为受理客人投诉的工作人员首先就是保持耐心倾听,满足客人倾诉的需求。在倾听的过程中,还要对客人表示充分的尊重,无论客人投诉的原因是什么,无论是否是酒店的过错,都必须避免与客人的争执。在倾听的过程中,要注意做好记录,这不仅可以使客人讲话的速度放慢,以缓和其情绪,还有利于工作人员了解清楚客人投诉的原因、客人产生不满的来龙去脉,并从客人的投诉中找出客人对投诉的期望结果。

（2）安抚客人,表示歉意。在聆听和了解完客人投诉的原因后,首先要对客人的经历表示同情,同时要向客人表示歉意。安抚客人时,可以通过眼神交流、肢体语言或者言语,比如目光注视客人,以眼神来表示同情;也可以说"对不起,发生这类事,我感到很遗憾""我完全理解您的心情"等,争取在感情和心理上与客人保持一致。诚心地向客人道歉,并对客人提出的问题表示感谢,可以让客人感觉自己受到理解和重视。

（3）提出解决方案。在了解完情况后,如果是受理投诉的工作人员能解决的问题,必须提出两个或以上的解决方案和补救措施让客人选择,以示尊重。同时,也应充分估计出解决问题所需的时间,并将其告诉客人。如果是暂时无法解决的问题,或者超过处理权限,或者投诉过程比较复杂,单凭客人倾诉无法了解投诉产生的过程及原因,应当在安抚客人之后,向客人说明情况,报告上级领导,由领导来处理。

（4）立即行动。当跟客人就解决方案达成一致后,受理人员应当立刻行动,就客人投诉的问题进行解决。如果解决过程比较长,涉及的部门或环节比较多,一定要跟客人及时沟通,并将解决问题的进展情况告诉客人。

（5）再次沟通,落实情况解决。投诉情况处理后,一定要与客人进行再次沟通,询问客人对投诉的处理结果是否满意,同时感谢客人,并在之后的服务过程中提高对客人的关注度,避免客人再次发生不满。

（6）记录存档,进行统计。把投诉中发现的问题、处理过程及客人的反馈加以汇总,归类存档。应对投诉产生的原因及后果进行反思和总结,并进行深入的、有针对性的分析,定期进行统计,从中发现典型问题产生的原因,以便尽快采取相应措施,不断改进和提高服务质量及管理水平,并依托具体的服务失误和处理方案对员工开展培训,培养员工处理问题的意识。

四、投诉处理方法及其运用

1. 一般问题的投诉处理方法

一般的或不激烈的小问题的投诉,可采用快速处理的方法,处理的程序主要如下。

(1) 向客人道歉。这是对人不对事,主要是使客人感到安慰。

(2) 向客人表示同情。倾听客人的意见,用适当的手势和表情来表示你对客人的讲话内容是感兴趣的,努力听清事实,发现解决问题的线索和答案。

(3) 采取行动。即告诉客人将如何处理问题,什么时候他(她)的问题可以被解决。然后去了解问题的当事人和酒店的有关处理政策。

(4) 感谢客人。将问题处理的方案告诉客人,并感谢他(她)提出的问题引起了酒店的注意;检查一下是否能做其他事来帮助客人,使他(她)在酒店逗留得更愉快。另外,还要防止此类问题的再发生。

服务补救

2. 大问题的投诉处理方法

首先陪伴客人到安静、舒适的地方去,为客人倒上一杯茶或饮料,与客人一起坐下来并为有问题引起了他的不愉快而向客人道歉,建立易于沟通的基础。当客人提出一定要见总经理来处理问题时,大堂副理应及时请示总经理。总经理见到客人时,要耐心倾听客人的诉说,当确认是酒店方错误时,总经理提出解决办法,保证做到使这位客人满意。

五、投诉的预测和防范

虽然投诉处理得当会为酒店挽回声誉和损失,但是处理投诉毕竟会消耗管理人员和服务人员的精力和时间,从而影响酒店的正常经营。因此,应当注意投诉易发生的环节,采取相应的主动防御措施,尽量减少投诉的发生。

1. 加强同宾客的主动沟通

通过对宾客的沟通了解,最大限度地提高宾客的满意度,控制投诉事态的发展,增强工作的主动性。例如,前台人员在宾客进房后进行电话回访,了解宾客对房间的满意程度,对丢失客源进行调查等。一些宾客关系管理出色的酒店,会要求宾客关系主任或大堂副理每天访谈 15 名以上客人,征求的意见通过工作日志的形式上报管理者参考。

2. 注意改善服务质量

通过日常工作监督和控制,了解酒店各项工作的弱点,加强员工的思想、技能等培训,增强服务意识和协作观念,逐步提高服务质量和工作效率。

3. 加强设施设备的管理,保障酒店产品的出品质量

要建立完善的管理体制,制定出具体的有关设施设备的管理、保养、维修的制度,以及控制产品质量的计划、方案。同时要明确产品的合格标准,加强产品的质量监督。

4. 做好酒店的安全控制

所谓酒店安全控制,即做好酒店内部各部位的消防、治安监督、控制工作,制定严格的规章和责任制度,采用各种控制手段,避免火灾及治安事件的发生,保障在店宾客的人身及财物的安全。

5．建立宾客投诉档案

通过大堂副理日志等形式记载投诉的情况，并定期由专人整理，形成酒店全面质量管理的依据，以便做好总结，改进日后的工作，防止类似投诉的发生。

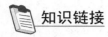 **知识链接**

会 员 制 度

一、会员制度的建立

酒店从客人中挑选出潜在的常客，为其建立会员账户，通过会员入住权益、累计积分奖励、房价折扣等方式让利消费者，刺激其再次消费。同时，酒店也可以通过会员体系有效的联系到客人，向客人精准投递广告宣传。

会员制度的保持：不同的会员级别享有不同的权益，客人根据累计入住次数、消费额度等被划定为不同的级别，享受不同的待遇。这将诱导客人在同等情况下优先选择同一品牌的酒店进行消费。

二、会员模式的分类

1．事前储值

客人一次性预存固定金额到酒店账户中，之后凭卡消费可获得折扣。储值卡根据储值金额的不同，一般也会分为 2～3 个不同的档次，提供不同的会员待遇。由于卡中余额除了在酒店消费之外没有其他去处，这一类型的会员卡是酒店预期收益管理的重要手段。因此，酒店一方面给予较高的住店、餐饮折扣，或赠送相关产品等，诱导客人购买；另一方面也提供提成奖励，鼓励员工向客人推荐。

2．积分返现

客人根据在店消费的金额获得积分，积分可在之后的消费中抵充消费或换取奖励。这是酒店行业使用最广的会员制度。积分卡办理门槛较低，一般所有的住店客人都可以免费办理，成为初级会员。客人若想提升会员等级，则需要增加入住次数或获得更多积分。积分卡是酒店吸引客人再次消费的主要手段，但是由于初始会员待遇吸引力有限，晋升和保持会员等级也需要一定的投入。在各酒店集团之间竞争形势较为激烈的当下，如何有效地留住客人，是酒店需要考虑的问题。

3．有偿入会

客人直接支付相应的价格，以获得会员身份。同时，根据付费金额的不同，享有对应的会员待遇。购买身份卡的支出将成为机会成本，促使客人在有效期内尽量选择相同的酒店进行消费，以确保购卡行为有利可图。

三、会员制度的意义

会员区别于一般客人，使客人对酒店产生身份认同感，更愿意再次购买。随着会员等级的提升，客人累计的前期投入和高等级会员带来的优惠力度，都将增加客人的转移成本，促使客人对品牌忠诚。目前酒店行业竞争激烈，会员制度雷同性较高，高等级会员之间的权益差异不大，因此稳定性更高，被视为酒店稳定的财富。

四、会员反馈系统

针对会员顾客而专门设立的评分系统，一般通过电子邮件、网络调查等渠道，收集会员入住体验，以此为标准控制集团名下酒店的服务标准。由于会员客人和酒店的收益情况关系更密切，受到的关注度更高，他们也更愿意切实反映遇到的问题，是衡量酒店服务质量的有效标杆。

五、IHG 宾客满意度提升计划 Heartbeat "心语"

Heartbeat 在英语中意为心动，引申为"心语"，是 IHG 集团针对优悦会会员提出的一项宾客满意度提升计划，意在通过问卷调查，了解客人对于酒店服务的真实感受，提升服务质量。

目标群体：IHG 优悦会全体会员客人。IHG 认为，会员是酒店重要客人，一方面他们大概率会选择重复购买，能够创造更多的收入；另一方面，相比一般散客，他们更了解 IHG 的品牌标准，能够有效地发现服务失误，起到监督的效果。

调查渠道：选择使用通过电子邮件发送问卷的形式。一方面，避免影响客人的正常工作，客人可根据自身需求选择要不要收到邮件、要不要回答问卷等。另一方面，问卷调查更详细全面，对于愿意回答的客人而言，能够涵盖酒店服务的方方面面，体现他们的真实想法。

操作流程：集团预定中心能够实时收取地方酒店的入住信息。当会员客人的订单完成后，第三方服务商——思玮公司将向会员客人的电子邮箱随机发放问卷。问卷调查完成后，一段时间内所有问卷结果的汇总，组成了酒店的得分情况。每年集团会对年度心语评分设立分档目标，如 89 分/90 分/91 分，以此得分衡量总经理、相关部门经理的工作业绩和酒店的绩效水平。

问卷内容：问卷内容主要有总体印象、服务体验、问题解决等模块，客人可根据自身喜好选择回答。总体印象是最基本的调查分数，不愿耗费过多时间或住没有深刻印象的客人可以只回答此项。总体印象的内容包含对集团的印象、对酒店的印象、是否会向他人推荐、是否还会再来等。

服务体验囊括了从预定、入住、客房、康乐、餐厅、退房等客人会体验的所有服务环节，客人可根据实际情况选择回答。如客房细分为浴室、房间、床、办公区域等，床又可细分为软硬程度、被子厚度、枕头的舒适程度等。

问题解决询问客人是否遇到问题，是否将此问题告知酒店，问题是否得到解决。一个不满意的客人会将不满情绪透露给生活中的所有人。与此同时，及时、顺畅地解决问题，也可以使客人认可酒店的管理水平，对酒店产生信赖，成为潜在的回头客。因此，这一项的得分也作为考核重点，被视为总经理的业绩。

评分标准：客观问题为判断题，主观问题采用评分制。每一个小项，由高到低可评 1 至10 分。需要注意的是，8、9、10 三个分数，代表客人对酒店的服务是满意的，而其他分数，代表着某种程度上的不满。

前厅部作为对客服务最多的部门，是心语项目的执行者，需要倾听客人的心声，引领各部门一起提升酒店的服务质量。比如，在每周开展心语专项会议，比较得分和目标的差距，探讨一周中出现的服务问题。

有的客人并不关注邮箱，很可能错失评分的机会。有的客人对于标准不了解，虽然满意但是打了低分。因此，除了做好日常的服务工作，IHG 也会要求前厅工作人员详细向客人介绍心语的内容和标准,请客人据实评价酒店的工作。

小　结

　　本模块重点介绍了酒店中客史档案的管理,酒店大堂副理主要工作管理的内容。通过学习,学生应掌握客史档案的分类和收集,了解大堂副理的岗位职责,熟悉处理客诉的方法和流程,熟悉异常情况的处理流程。学习本模块有助于学生在实际工作中正确地整理客史档案、处理客人的一般投诉,能够帮助客人解决在结账时遇到的困难。

课 外 思 考

1. 收集整理客史档案对酒店有哪些益处?
2. 大堂副理的主要工作职责是什么?
3. 客人投诉的类型有哪些?
4. 客人投诉的原因是什么?

课 后 作 业

一、单选题

1. 宾客投诉叫醒服务不及时,属于(　　)。
   A. 有关设施设备的投诉　　　　　　　B. 有关酒店相关政策的投诉
   C. 有关服务态度的投诉　　　　　　　D. 有关服务与管理的投诉
2. 以下关于投诉的预测和防范的描述不正确的有(　　)。
   A. 加强同客人的沟通
   B. 注重改善服务质量
   C. 加强设备、设施的管理,注重酒店产品的出品质量
   D. 以往的投诉无须关注

二、问答题

1. 遇到客人投诉时该怎样处理?
2. 前厅部从哪些渠道获取客史档案资料?
3. 如何理解"客人永远是对的"?
4. 投诉是好事吗? 为什么?

模块八

前厅收益管理

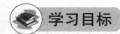 **学习目标**

知识目标：了解房价的特点、了解制定房价的主要影响因素；熟悉房价的确定方法和
　　　　　房价控制与调整的方法。

能力目标：能够完成酒店产品推销。

课程思政：敬业乐业，热爱本职工作；高度的工作责任心，乐于助人。

项目一　房价基础知识

房价是酒店客房商品价值的货币表现，是客人住宿酒店所应支付的费用。

酒店客房商品价值由以下三部分构成：物化劳动的转移价值，包括酒店建筑物和设施设备的折旧费、借款利息、修缮费、低值易耗品与物料用品费用等；活劳动支出中的必要劳动价值，包括工资、福利等；活劳动支出中的剩余劳动价值，包括上缴税金、为投资者创造的利润等。

一、客房产品的特点

1. 不可储存性

客房商品的价值会随时间消逝而消逝。如果客房在规定的时间内不出售，当天的效用就自然失去，客房当天的价值也就永远不能实现。客房作为综合性商品，其基本内涵就是服务，客房商品价值的实现是服务过程与消费过程的统一，在时间上是不可分割的，即客房服务人员利用客房的各种设备、用品为住客服务的过程，也是客人的消费过程。这又决定了客房商品价格应考虑从服务的角度来确定。

2. 季节波动性

客房出租受季节、气候及节假日等因素影响较大，出租率在时间上常呈现明显的淡旺季差别。特别是观光型酒店和度假型酒店，客房出租率的季节波动更为明显，即使是商务旅游者或会议旅游者，也会在旅游时机上有所选择。再如，由于双休日的原因，在周末商务客人会明显减少。这一特点决定了客房商品价格应更具有灵活性。

3. 客房产品包含相当的劳务成分

与一般商品不同，客房产品在生产、销售和使用过程中包含了相当的劳务成分。客房服务员对客房的清洁保养、预订部和总台员工在销售过程中付出的劳务服务、客人在酒店期间提供的各项服务都包含了大量的劳务成分，从而使服务人员的服务态度、服务效率等构成了客房商品的重要组成部分。

4. 客房商品的价值集生存因素、享受因素和发展因素于一体

客房是人们旅游投宿活动的物质承担者，又是一种高级消费品，它同时具有满足客人生存需要、享受需要和发展需要三种功能。旅游者只要出门旅游就要住宿，就要购买客房商品，因为这是其生存的基本条件；如果客人要求客房有舒适感或豪华感，以满足其精神上的享受，就可购买更高价格的高档次客房商品。这一特点决定了客房商品价格的多样性。

5. 高比例的固定成本

现代酒店客房商品的一次性投入很大，而经营过程中的劳动耗费很小，因此客房经营费用中不变费用较大，可变费用较小，不变费用占绝大比重。所以，鉴于不变费用的负担，在确定客房价格时，必须考虑所定房价能够实现保本点的最低出租率。这又决定了客房定价要有一个最低限度。

二、影响客房定价的因素

影响定价
的因素

客房定价是企业的自主经营活动，企业可以自由地选择定价目标。但是由于市场环境和企业内部条件的制约，定价自由度受到一定的限制。合理制定房价，必须综合考虑影响客房定价的各种内在因素和外在因素。

1. 影响客房定价的内在因素

（1）投资成本。投资成本是影响客房定价的基本要素。筹建一家酒店首先需要大量投资这项投资的回收期长，将在长时期内对企业产生影响。酒店必须在一定时期内，用营业收入抵偿投资成本，并获得较好的收益。尽管酒店的营业项目很多，如餐饮、娱乐、商场等，但是客房收入通常要占到酒店总收入的一半以上，投资成本的抵偿也主要依靠客房收入。因此，客房价格的制定要考虑对投资成本的偿付问题。

（2）非营业部门费用分摊。这些部门主要包括酒店的财务部、人力资源部、工程部、保安部及其他行政管理和后勤保障部门。以上部门在正常的运转中要耗费一定的资金，这部分费用支出也要分摊到包括客房在内的各创利部门的产品价值中去。因此，客房价格要能够抵偿非营业部门的部分费用支出。

（3）非营利性服务支出。酒店的一些服务项目并不是直接营利的，如楼层卫生、客房设备维修等。但这些服务是酒店经营活动顺利进行所必不可少的，要投入一定的人力、物力，这些也需客房收入予以偿付。所以，制定房价时需予以考虑。

另外，酒店要为一些特殊客人提供优惠价甚至免费住宿，由此所导致的客房服务成本增加也要以正常房价来补偿。

（4）酒店的等级标准。酒店的等级标准不同，其产品价格水平也明显不同。一般来讲，高星级酒店高档豪华、建筑造价高、设备先进、服务项目齐全、服务质量高，因此，酒店的客房价格也要高些；而中低星级酒店，相对来说条件差些、造价低些，客房价格也应低些。

（5）酒店的服务水准。服务是酒店向客人提供的产品，是客人最直接的利益所得，它的质量水平高低，直接影响客人的购买行为。客人对服务质量的看法往往和价格有一定联系，客人愿意支付的价格是根据他们对某项服务的价值的看法而定的。对一定质量水准的服务，客人愿意支付的价格是有限度的。如果价格过高，客人就不会购买；如果价格过低，酒店就无盈利，而且会使客人对酒店产生低价劣质的印象。高质量的服务水准不仅需要先进的设施设备作保证，更需要有高素质的服务人员和管理人员，这些人员需经过专门的训练，因而需要更多的投入。因此，从成本角度看，客房的成本价格也高。

2. 影响客房定价的外在因素

（1）酒店所在地区和位置。酒店的地理位置不同，交通条件不同，满足旅游者物质和精神需要以及实现其旅游目的的程度不同，对旅游者的吸引力也不一样。"商业酒店之父"斯塔特勒（Ellsworth Milton Statler）说过："对任何酒店来说，取得成功的三个根本要素是地点、地点、地点。"可见，酒店的地理位置对酒店经营何其重要。一般来说，旅游业发达的城市比一般城市的酒店的客房价格高，处在市中心、风景区的酒店要比处在一般地区、偏远地区的酒店的房价高。这种差价是合理的，它体现了价值规律的要求。

（2）供求关系。当供过于求时，就不得不考虑降低房价；当供不应求时，则可以考虑提高房价；当供求平衡时，当前的市场价格即为合理价格。供求关系是不断变化的，平衡是暂时的，而不平衡则是绝对的。因此，客房价格应随供求关系的变化而不断地进行调整。

（3）市场竞争。在制定房价时，除要考虑其本身的价值形成和市场供求关系外，竞争者的价格也是必不可少的影响因素。如果本地相同类型、档次的酒店少，竞争对手少，那么这家酒店在制定房价时就有较大的自由度和灵活性；相反，如果本地区有多家类似的酒店，那么每家酒店的市场占有率是有限的，房价的制定要受到竞争对手的制约，缺乏自由度和灵活性。因此，在制定房价时，一定要对本地区酒店的数量、星级、类型、客房价格水平及其策略做好调查，制定出既切合本酒店实际情况又有竞争力的房价。

在市场竞争中，酒店要根据自身的优势，尽量选择能体现酒店特色的市场，这样可以提高酒店的竞争能力，减少其他因素的影响。如果本地区酒店较多，但该酒店有自己的经营特色，有自己特定的比较稳定的客源，那么，该酒店制定房价的自由度就相对大些，在一定范围内提高或降低房价不会引起其他酒店的强烈反应；但该酒店如果没有经营特色，即使本地区只有数量较少的酒店，也会因目标市场的选择相同而使竞争加剧，其房价制定的自由度较小。

（4）国家政策与国际国内形势。制定房价是酒店企业的自主经营活动，但必须服从国家对价格的控制与协调。没有任何国家允许百分之百的自由定价和自由竞争，政府总是以各种方式来干预企业价格的制定，以维护国家利益，保护本地市场。国家为保护旅游业的正规发展，防止发生不正当竞争，对各等级酒店制定了最高房价和最低房价的限制。国际国内形势对制定房价也有一定影响。如世界政局动荡、经济发展速度减缓、国家或地区间的战争等，都会导致旅游业市场大幅度萎缩，从而引起酒店房价的波动。

（5）汇率变动。汇率是指两国货币之间的比价，即用一国货币单位来表示另一国货币单位的价格。我国的汇率变动，主要指人民币对美元、日元等的比价变动趋势，这一变动直接影响酒店房费的外汇收入水平。在其他因素不变时，人民币汇率的趋势是升值时，房价不宜定得过高；人民币汇率的趋势是贬值时，如贬值幅度较大，则应相应提高房价。因此，要注意了解有关国际汇率的变动趋势，以便合理制定房价。目前，我国旅游酒店对外报价一般应用美元报价，以减少汇率变动所带来的损失。

此外，诸如通货膨胀、客人的消费心理、需求弹性、季节变动以及其他自然因素（如地震、洪灾等）都是制定房价时需要考虑的客观因素。总而言之，制定房价要综合考虑各种影响因素，并根据这些因素的变化及时进行调整。而房价的制定与调整应该有一个区间范围，其下限是酒店为了保本营利或亏损最小所能接受的最低价格，其上限是对酒店产品价值评价最高的消费者所愿意接受的最高价格。最优化的房价应是在这个变动区间内，既能使酒店收入最大化，又能最大限度地吸引客人的价格。

客房产品
定价方法

三、酒店房价的定价方法

酒店产品定价的基本方法主要有成本导向定价法、需求导向定价法和竞争导向定价法。

1. 成本导向定价法

成本导向定价法是以成本为中心的定价法，也就是以酒店经营成本为基础，制定客房产品价格的一种方法，即产品成本加上酒店利润就等于产品的价格。从酒店财务管理的角度看，客房产品价格的确定应以成本为基础。如果价格不能保证成本的回收，则酒店的经营活动将无法长期维持。成本导向定价法具体有经验定价法、盈亏平衡定价法、成本加成定价法和目标收益定价法四种。我们以经验定价法和盈亏平衡定价法为例进行介绍。

（1）经验定价法。经验定价法又称千分之一法，是以酒店总建造成本为基础计算的。酒店总建造成本包括建筑材料费用、各种设施设备费用、内部装修及各种用具的费用，所需的各种技术费用、人员培训费用、建造中的资金利息费用等。具体来说，是将每个房间所分摊的建造成本除以 1000，得出客房的平均价格。

（2）盈亏平衡定价法。酒店在既定的固定成本、变动成本和产品估计销量的条件下，实现销售收入与总成本相等的客房价格，也就是酒店盈亏平衡时客房的价格。其计算公式为

$$客房价格＝\frac{每间客房日成本额}{1－税率}$$

其中，每间客房日成本额又包括客房固定成本日分摊额和变动成本部分。

客房固定成本日分摊额可依据不同类型客房的使用面积进行分摊，计算公式为

$$每平方米使用面积固定成本＝\frac{全年客房固定成本总额}{客房总使用面积×年日历天数×出租率}$$

客房变动成本总额可按客房数进行分摊，计算公式为

$$每间客房日变动成本＝\frac{全年客房变动成本总额}{客房数×日历年天数×出租率}$$

2. 需求导向定价法

需求导向定价法是以需求为中心的定价法。各类成本导向定价法有一个共同的缺点，即忽视了市场需求和竞争因素，完全站在酒店的角度考虑问题，以需求为中心的定价法是以市场导向观念为指导，从宾客的需要出发，认为产品的价格主要应根据宾客对产品的需求程度和对产品价值的认同程度来决定。需求导向定价法有理解价值定价法和需求差异定价法。

（1）理解价值定价法。理解价值定价法就是根据宾客的价值观念来制定价格。要求酒

店运用营销组合中的非价格因素影响宾客,使其对酒店客房产生一种价值概念,并根据这种价值概念制定相应的价格。

(2)需求差异定价法。需求差异定价法就是根据酒店不同细分市场的需求差异确实客房价格。酒店在使用需求差异定价法时,要充分考虑宾客的需求、宾客的心理、产品差异、地区和时间差别等因素,如对宾客群体进行细分,针对不同职业、阶层和收入的宾客,制定不同的价格;对季节性强的产品和服务制定不同的季节价格。

3. 竞争导向定价法

竞争导向定价法是以竞争为中心的定价法,以酒店面临的竞争环境作为制定房价的主要依据。处于激励竞争中的酒店,往往会把对抗竞争或占有一定的市场份额作为定价的出发点。竞争导向定价法有随行就市定价法和率先定价法。

(1)随行就市定价法。随行就市定价法是指以同一地区、同档次竞争对手的客房价格作为定价依据来确定酒店的客房价格的方法,而对本酒店的成本和市场需求考虑较少。价格制定者认为市价在一定程度上反映了行业的集体智慧,随行就市定价能使本酒店获得稳定的收益,降低市场的风险。

(2)率先定价法。率先定价法是指酒店根据市场竞争环境,率先制定出符合市场行情的客房价格,以吸引宾客而争取主动的定价方法。率先定价酒店所制定的价格若能符合市场的实际需要,即使在竞争激烈的市场环境中,也可获得较大的收益。当然,这种方法使用起来要冒一定的风险,尽管如此,若使用恰当,会对酒店的销售起到一定的正面作用。

项目二　酒店客房销售

一、销售的基本工作要求

1. 事前准备

(1)仪容仪表符合行业标准,服务区域干净整齐。

(2)熟悉酒店各种类型的客房特点和设备标准。

(3)熟悉酒店提供的餐厅、酒吧、娱乐设施等的特色和营业时间。

2. 服务态度

(1)面带微笑,礼貌迎客。

(2)用诚挚的态度接待客人,站在客人的角度出发,推荐适合客人的客房产品。

(3)语言得体、回答简明扼要,介绍需要符合事实,不可随意承诺。

(4)对客人的异议要耐心的解释,不可表现出不耐烦。

3. 销售过程

(1)善于描述客房产品的具体数据、特点,以及可能为宾客带来的好处,引起宾客的注意。

(2)善于发现宾客内心的需求,有针对性地推荐客房产品。

(3)善于尝试客房产品增销,给犹豫不决的客人更多选择机会。

二、客房销售对员工的要求

随着市场竞争的加剧,酒店越来越重视前台的销售工作。其销售工作成功与否直接影响客人对酒店的认识、评价和是否再次光临,并最终影响酒店的经济效益。

1. 熟悉酒店的基本情况和特点

酒店的基本情况和特点包括:酒店所处的地理环境及交通情况,酒店建筑、装饰、布置的风格和特点,酒店的登记与类型,酒店的服务设施与服务项目,酒店产品的价格与相关政策规定等。了解掌握上述信息是做好客房销售工作的先决条件,尤其是对酒店的主要产品之一——客房,需做全面的了解,如各类房间的面积、色调、朝向、功能、所处的楼层、价格及计价方式、特点、设施设备等。接待员只有对以上内容了如指掌,推销起来才能得心应手,才能随时答复客人可能提出的问题,使客人感受到你对本酒店的信心和热爱,从而有助于推销成功。

2. 了解竞争对手酒店的产品情况

接待员在深入了解和掌握本酒店产品情况的基础上,更要熟悉竞争对手的有关情况。因为客人面对的是一大批与本酒店档次、价格、服务相类似的企业。要想在销售中取胜,就要找出自己酒店的特色和优势,并着重加以宣传,这样更容易引起客人的兴趣和注意。

3. 认真观察分析客人心理,迎合客人需求

酒店的每一种产品都有多种附加价值存在。对于一个靠近电梯口的房间,有的客人会认为不安静,而有的客人则会认为进出很方便。所以酒店负责推销的员工必须深入了解客人最需要的是什么、最关心的是什么、最感兴趣的是什么,把握好客人的购买目的和购买动机,帮助客人解决问题,满足物质和心理需要。这样,在客人受益的同时,酒店也会得到相应的回报。

4. 表现出良好的职业素养

前厅是给客人留下第一印象的地方,是酒店的门面。客人初次到一个酒店,对其可能不甚了解,他对酒店产品质量的判断是从前厅员工的仪容仪表和言谈举止开始的。因此,前厅员工必须随时面带微笑,以热诚的态度、礼貌的语言、优雅的举止、快捷规范的服务接待好每一位客人。这是前厅工作人员成功销售的基础。

5. 使用创造性的语言

前厅员工在推销客房、接待客人时,必须注意语言艺术,善于使用创造性的语言,努力使自己的报价言之有据,让客人感到该产品的确物有所值,甚至物超所值。

三、销售的程序

1. 热情问候宾客

当一个潜在宾客致电酒店或来到大堂时,前厅人员应该用微笑与问候创造融洽的沟通氛围,让宾客感受到热情、自然、尊重,以促成销售。

2. 了解宾客需求

要促成宾客购买必须分析宾客的购买需求。宾客的购买需求受到身份、职业、年龄、支

付能力、住宿目的等因素影响。可以从客史档案和宾客的实地表现获取宾客需求。

3. 介绍客房产品

介绍时要揣测宾客的特点和需求，不失时机地为宾客介绍房间。介绍时不仅要介绍产品特点，更要突出宾客能够获得的愉悦入住体验，吸引宾客消费。

4. 提供选择建议

从宾客需求的角度出发，帮助宾客打消疑虑，重点介绍某一类适合的房型。

5. 迅速办理手续

使宾客感受到服务的高效细致，使宾客赞同自身的购买行为。

6. 推销其他产品

向宾客推荐酒店其他的设施和服务项目，以促进其他消费，提高营业收入。

四、销售要点

1. 要突出客房产品的价值

FAB法则是常用的销售工具，即在产品销售中围绕产品的 Feature（属性）、Advantage（优势）、Benefit（益处）三方面展开介绍，使顾客产生购买的欲望。比如，对家庭出行的客人，推荐连通房，可以说："连通房是一个豪华大床房和一个高级标间组成的，两个房间中间有一扇门连接（F），进出很方便（A），您住在这个房间里，照顾老人和孩子会很便利（B）。"

使用 FAB 法则应注意以下三点。

（1）益处才是讲述的核心，当产品无法给客人带来益处时，客人对产品本身的属性和作用是不在意的。因此，在讲述之前，需要先揣测客人的需求。

（2）不可过分强调产品的属性，如对客人介绍说"该房间的装修是地中海风格的"，客人并不一定懂装修，可能会因为内容无趣而离开。

（3）正确区分作用和益处。作用是该产品自带的属性，不管谁购买这个产品，作用是不会变的。而益处是特定的，不同的人所追求的益处不同。比如同样是连通房，家庭客人可能更关注照顾老人，而年轻人可能更关注起居空间。

2. 运用灵活的报价方法

当客人询价时，按照房价从高到低向客人介绍。一来客人可能也并不清楚自己的需求，二来通过对客人反应的观察，判断他对于价格的敏感程度，留有余地。

3. 给宾客比较和选择的范围

若宾客没有具体目标，接待员可提供两种或以上不同的房型，供宾客进行比较选择，将客人的注意力从住或不住，转移到住哪种房间上来。与此同时，接待员也可以从宾客的反应中把握宾客更想要的房型。

4. 正面介绍酒店产品

在向宾客介绍房间时，从正面介绍房间，注意突出房间的价值，引导客人关注。客人在选择酒店时往往对房价比较关心，况且在未入住酒店之前，一般无法直观地感受产品质量，只能凭酒店的外观和对接待员的认识去感觉酒店产品，所以更增加了对房价产品的敏感度。

这种情况下，接待员要在熟悉酒店产品的基础上尽可能多地向客人介绍酒店产品和优点和独特之处，如理想的地理位置、新颖的装饰、幽雅的环境、美丽的外景、宽敞的房间等，尽量使客人感到酒店销售的产品是物有所值的，因此，在销售过程中着重推销的是客房的价值而不是价格。

5. 采取不同的销售策略

针对不同类型的客人，需要使用不同的销售策略。

（1）优柔寡断型。发掘宾客需求，累计吸引力，注重体现附加价值（周边环境、各项服务内容）。

（2）价格敏感型。体现产品价值，同时熟悉各种价格，适当给予折扣。

（3）询价阶段型。热情细致，显示服务水平，根据客人情况推荐。

6. 尽快做出安排

经过以上的销售程序，当察觉到客人对所推荐的产品感兴趣时，倾听服务人员应用提问的方式促使客人做出选择。一旦客人做出选择，应对客人的选择表示赞赏和感谢，并为客人尽快办理入住登记手续，缩短客人等候时间。

客房销售技巧

五、销售技巧

1. 强调客人受益

由于客人对产品价格和品质的认识程度不一样，相同的价格，有些客人认为合理，有些客人则感到难以承受。在这种情况下，接待员要将价格转化为能给客人带来的益处和满足，对客人进行启迪和引导，促使其转化为购买行为。

2. 对犹豫不决的客人可以多提建议

许多客人并不清楚自己需要什么样的房间，在这种情况下，接待人员要认真观察客人的表情，设法理解客人的真实意图、特点和喜好，然后按照客人的兴趣和爱好，有针对性地向客人介绍各类客房的特点，消除其疑虑。

3. 高码讨价法与利益引诱法

高码讨价法和利益引诱法是两种有效的销售技巧，可以在客房销售过程中加以运用。

高码讨价法是指在客房销售中向客人推荐适合其地位的最高价格的客房。根据消费心理学，客人常常接受接待员首先推荐的房间。如果客人不接受，再推荐价格低一档次的客房并介绍其优点。这样由高到低，逐层介绍，直到客人做出满意的选择。这种方法适合向未经预订直接抵店的客人推销客房，从而最大限度地提高高价客房的销售和客房的整体经济效益。

利益引诱法也称由低及高法，是对已经预订到店的客人，采取给予一定附加利益的方法，使他们放弃原预订客房，转向购买高一档次价格的客房。

4. 价格分解法和适当让步法

通常，酒店为获得更多的营业收入，都要求接待员先推销高价客房。而价格作为最敏感的因素之一，有时客人一听到前台的报价就可能被吓退了，拒绝购买。此时就要将价格进行分解以隐藏其"昂贵性"。采用价格分解法更易打动客人，促成交易。

另外,在接待过程中,经常会遇到客人抱怨房价太贵了,询问"能不能打折",因为在市场经济条件下,市场的多变性决定了价格的不稳定性,价格因不同客人而异,也很正常。所以,对于确实无法承受门市价格的客人,适当地给予优惠,也是适应市场、适应竞争的重要手段,否则,就会出现将客人主动地送到竞争者手中的现象。但要注意优惠幅度应控制在授权范围内,并要求员工尽量不以折扣作为达成交易的最终手段,并配合各种奖励措施,鼓励员工销售全价房。

　　5. 选择适当的报价方法

　　(1)"冲击式"报价。先报出房间价格,再加收房间所提供的服务设施和服务项目等,这种报价方式适合推销价格比较低的房间,以低价打动客人。

　　(2)"鱼尾式"报价。先介绍所提供的服务设施和服务项目及客房的特点,最后报出房价,突出产品质量,减弱价格对客人购买的影响。这种报价方式适合推销中档客房。

　　(3)"夹心式"报价(也称"三明治"式报价)。这种报价方式是将价格置于所提供的服务项目中,以减弱直观价格的分量,增加客人购买的可能性。这种报价方式适合中高档客房,可以针对消费水平高、有一定地位和声望的客人。

　　总之,价格放在什么阶段报、报价的顺序以及报几种房价等,都要根据不同客人的特点与需求,有针对性地宣传推销,介绍要恰如其分,不要夸大其词,以免让客人对酒店产生不信任感。

　　6. 推销酒店的其他设施和服务

　　在宣传推销客房产品的同时,不应忽视推销酒店的其他服务设施和服务项目,如餐饮、娱乐、商务等设施和服务,以使客人感到酒店产品的综合性及完整性。因为客人住店,不仅是为了满足其休息的生理需要,往往还有其他方面的需求。如果接待人员不向客人介绍推荐,就有可能使某些设施设备长期无人或很少使用,不但使酒店的营业收入受到损失,而且造成设备资源的浪费。所以,在预计客人需要的前提下,向客人提供有关信息,不仅是一种积极的销售技巧,还可以增加酒店的营业收入,改善与客人的关系。

项目三　酒　店　夜　审

夜审

　　酒店夜审是在每天晚上对酒店营业情况进行审核和结算的工作。夜审员会对当天酒店的客房、餐饮、设施等各个方面的收入进行清点和核对,与之前预订和登记的信息进行比对确认,计算出当日的总收入和结算情况。同时,夜审员还会对酒店账目进行整理和归档,确保账目的准确性、真实性和完整性。

一、夜审的工作内容

　　酒店夜审的工作内容如下。

　　(1)审核各消费点的营业收入,并编制酒店营业收入报表。

　　(2)完成前厅、餐饮、康乐等部门的计算机清机。

　　(3)抽查各收银点备用金。

二、夜审的操作程序

1. 客房收入的夜间审核

1）核查所有出勤的前厅收银员是否已全部交来收银员报表及账单

（1）核对前厅收银员交来的"客房收银出纳报表"与计算机系统数据是否相符，如不符需查明原因，并将详情记录在"交班本"上。

（2）核对附有账单等单据的前厅收银账单的份数与前厅收银系统中的"客房入账报表"是否相符，如不符应逐一查对，把未交和缺失账单的收银员名字与缺失账单详情记录在"交班本"上，留给次日有关主管人员审阅调查。

2）核查每个前厅收银员交来的每一张账单

（1）将前厅收银员交来的账单进行分类汇总，与"客房收银出纳报表"核对金额是否相符。

（2）核查入住和离店时间，房租是否全部计入，应收半天或全天房租是否已经计收，免收半天或全天房租是否有规定的批准手续。

（3）核查结账单后所附单据是否齐全，如有押金单缺失是否注明原因，将未退款详情登记在交班本上留待日审检查。

（4）核查临时入住登记单、押金单是否与前厅收银结账单明细相符（如房号、房价等），临时入住登记单后面所记录的消费是否输入计算机，押金单号、金额是否与"预收订金"一致。最后查看签字手续是否齐全。

（5）核查房价是否合理，调房是否有人签字，房价由高调低手续是否齐全。

（6）核查挂账、招待是否有客人与授权人签字（挂账账单签字是否为协议单位授权人）。

（7）核查会员卡结账是否拓印卡号，是否有会员签字，所拓印卡号与结账卡号是否一致。

（8）核查协议房价是否准确，客人签字是否是协议单位授权的人员。

（9）核查所有的收入调减是否合理，是否有授权人签名。

（10）核查消费、赔偿等收费是否符合酒店规定的标准。

（11）将有问题的账单做标记并在"交班本"上登记，将所有账单按结账方式分类归集装订。

（12）统计消费卡、招待消费品项，统计后待做营业收入报表时在相应品项中做冲减。

3）迷你吧、商场审核

（1）审核迷你吧、商场酒水单印章、房号、签章等手续是否齐全。

（2）审核迷你吧、商场酒水单各个品项汇总数与迷你吧、商场控制平衡表显示数额是否一致，在迷你吧、商场控制平衡表上签章后转交成本部（如不一致应查明原因后按实际数核定，并在更改处签章）。

（3）将迷你吧、商场酒水单与计算机系统逐一核对，核查计价是否正确、数量是否相符，发现问题应及时查明原因并将详情记录在"交班本"上交由日审处理。

2. 餐饮收入的夜间审核

1）核查所有出勤的餐饮收银员是否已全部交来收银员报表及账单

（1）核对餐饮收银员交来的"收入交款单"与计算机系统数据是否相符,如不符需查明原因,并将详情记录在"交班本"上。

（2）核对附有账单等单据的餐饮收银账单的份数与餐饮收银系统中的"结账报告单"是否相符,如不符应逐一查对,把未交和缺失账单的收银员名字和缺失账单详情记录在"交班本"上,留给次日有关主管人员审阅调查。

2）核查每个餐饮收银员交来的每一张账单

（1）将餐饮收银员交来的账单进行分类汇总,与"收入交款单"核对金额是否相符。

（2）核查结账单后所附单据(酒水单、餐厅多用单、餐厅消费单、套菜单等)所有消费品项、数量、金额与结账单是否一致,跟单是否标明斤两、数量是否与结账单一致。

（3）核查结账单后所附餐厅多用单、餐厅消费单与后厨餐厅多用单、餐厅消费单是否一致。

（4）核查结账单后所附会议、宴会通知单应收款项与结账单是否相符。

（5）核查所有的收入调减是否合理,退单是否有授权人签字,理由是否充分。

（6）核查打折权限是否准确(如餐饮部经理有权限全单9折、餐饮部总监有全单6折权限)。

（7）核查挂账、招待是否有客人与授权人签字(挂账账单签字是否为协议单位授权人)。

（8）核查会员卡结账是否拓印卡号,是否有会员签字,所拓印卡号与结账卡号是否一致。

（9）核查消费、赔偿等收费是否符合酒店规定的标准。

（10）将燕、鲍、翅类餐厅多用单、餐厅消费单取出转交成本部。

（11）将有问题的账单做标记并在"交班本"上登记,将所有账单按结账方式分类归集。

（12）统计消费卡、招待消费品项,统计后待做营业收入报表时在相应品项中做冲减。

3. 康乐收入的夜间审核

1）核查所有出勤的康乐收银员是否已全部交来收银员报表及账单

（1）核对康乐收银员交来的"收入交款单"与计算机系统数据是否相符,如不符需查明原因,并将详情记录在"交班本"上。

（2）核对附有账单等单据的康乐收银账单的份数与康乐收银系统中的"收入交款单"是否相符,如不符应逐一查对,把未交和缺失账单的收银员名字和缺失账单详情记录在"交班本"上,留给次日有关主管人员审阅调查。

2）核查每个康乐收银员交来的每一张账单

（1）将康乐收银员交来的账单进行分类汇总,与"收入交款单"核对金额是否相符。

（2）检查洗浴、游泳门票是否剪票、是否过期,如延期使用是否有有权限领导签字。

（3）核查会员卡结账是否拓印卡号,是否有会员签字,所拓印卡号与结账卡号是否一致。

（4）核查挂账、招待是否有客人与授权人签字(挂账账单签字是否为协议单位授权人)。

（5）检查积分卡、游泳卡和各种门票使用权限。

（6）检查免单人员的免单品项是否正确(分全免和单免),签单是否真实。

（7）核查所有的收入调减是否合理,是否有授权人签名。

（8）核查消费、赔偿等收费是否符合酒店规定的标准。

（9）将有问题的账单做标记并在"交班本"上登记，并将所有账单按结账方式分类归集装订。

（10）统计消费卡、招待消费品项，统计后待做营业收入报表时在相应品项中做冲减。

（11）统计现金门票数量，为填制报表做准备。

3）各输单点的审核

男部、女部、休息厅、待位、自助餐厅、游泳馆等输单点审核如下。

（1）审核各输单点消费小票各个消费品项汇总数与其对应的控制平衡表显示数额是否一致，在控制平衡表上签章后转交成本部（如不一致应查明原因后按实际数核定，并在更改处签章）。

（2）对各点的消费小票领用与核销要如实登记，核查消费小票是否有丢失、跳号现象。

（3）审核自助餐厅免费就餐人员签章权限及真实性，检查赠送果盘、食品是否有有权限人员签章。

（4）核查输单员所交餐厅多用单与后厨餐厅多用单是否一致。

（5）核查会员房入住和离店时间，房费是否按规定标准收取。

（6）核查会员房打折、免单是否有具有权限人员签章并具有合理性。

（7）将所有消费小票、餐厅多用单与计算机系统逐一核对，核查计价是否正确、数量是否相符，发现问题应及时查明原因并将详情记录在"交班本"上交由日审处理。

4. 制出酒店经营情况"晨报"及相关报表

所有营业部门的账单审核无误后，夜审要将收银员上交的账单按部门分类汇总，统计出准确的各类消费总数及收入总额，并根据打印出来的各种报表、数据制出酒店经营情况"晨报"和其他相关报表。

（1）统计出客房房费、电话服务费、洗衣、迷你吧、精品店/商场、其他收入、客账等净额制作出"夜审试算平衡表"。

（2）统计出餐饮、洗浴、游泳馆、美容美发消费人数，食品、酒水、香烟、会议租金、包房费、浴资、技师、擦鞋、游戏、运动项目、美容、美发、杂项等制出"每日餐饮/康乐收入报表"。

（3）将"夜审试算平衡表"及"每日餐饮/康乐收入报表"所统计的数据按照一定的比例分成，制作出 NIGHT AUDITOR REPORT（夜审）报表。

（4）在软件报表系统中"在住客人报表（历史含日用房）"中统计出当日卖房、免费房、自用房、空房及维修房，在"招待发生报表"中统计出当日赠送游泳卡、积分卡、消费卡及宴请（招待）等数据，制作出当日"晨报"表。

（5）根据"夜审试算平衡表""每日餐饮/康乐收入报表"、NIGHT AUDITOR REPORT（夜审）、"晨报"的数据制作出"每日营业收入报表"和"收益总结表"。

（6）当前 7 张表"夜审试算平衡表""每日餐饮/康乐收入报表"、NIGHT AUDITOR REPORT、"晨报""每日营业收入报表Ⅰ""每日营业收入报表Ⅱ""收益总结表"制作完毕之后，手工统计当日最后一张"营业汇总表"，将当日收入及些重要数据填写完毕后由另一名夜审审核，签字后此表转交日审。

酒店夜审时间一般是晚上 10 点至次日凌晨 2 点。这段时间是酒店客流低谷期，较少有客人在前台办理入住或离店手续，可以腾出时间进行核对账目和财务结算等工作，在旅游旺季或部分大型酒店人员配置较多的情况下，夜审的开始时间推迟到晚上 11 点或者凌晨 3

点,以保证酒店的财务和管理工作正常开展,酒店夜审时间的设定需要根据实际情况进行合理安排,以保证日常运营顺利和财务安全。

小　结

本模块重点介绍了酒店销售技巧。通过学习,学生了解房价的特点、了解制定房价的主要影响因素,熟悉房价的确定方法和房价控制与调整的方法。学习本模块有助于学生提升酒店产品的推销能力,在激烈的市场竞争中,成功完成酒店产品的销售工作。

课 外 思 考

1. 客房产品价格有哪些特点?
2. 客房销售对员工有哪些要求?
3. 如何避免双重售房?

课 后 作 业

一、单选题

1. 以下(　　　)情况较多时,应该减少超额预订的比例。
　　A. Delay　　　　　　　　　　　　B. Early Check-out
　　C. Non-Guaranteed reservation　　D. Extend Stay
2. 以下(　　　)客人适合作为转移的对象。
　　A. VIP　　　　B. 家庭客人　　　　C. 担保客人　　　　D. 单身客人

二、问答题

1. 影响客房产品定价的主要因素有什么?
2. 请解释千分之一法的含义。
3. 请叙述客房推销的要点。
4. 在客房销售过程中有哪些技巧?

模块九

前厅信息管理系统

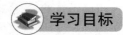 **学习目标**

知识目标：掌握酒店管理信息系统在酒店中的作用；了解主要的酒店信息系统。

课程思政：敬业乐业，热爱本职工作。

项目一　酒店信息化

21世纪是信息化的世纪，信息在任何行业都具有举足轻重的作用，可以说谁占有了信息谁就拥有了成功的一半。对于酒店来说，最有效的方式之一就是应用信息化技术，变革传统意义上的酒店业竞争方式和经营管理模式，进而赢得新竞争优势。据美国酒店及旅游业财务与科技专业人员协会(HFTP)的调查报告显示，先进的信息化技术已经成为今日酒店及旅游业获得新竞争优势的重要工具。

一、信息与信息技术

信息是指音讯、消息、通信系统传输和处理的对象，泛指人类社会传播的一切内容。信息是企业管理的基础。信息是以数据形式来表示的，是加载在数据之上，经过一定的处理和加工，对数据具体含义的一种解释。数据是对客观存在的直接反映，数据可能是无价值的，但信息则是有价值的数据，而且往往是经过加工的数据。

信息技术(information technology，IT)是主要用于管理和处理信息所采用的各种技术的总称。它主要是应用计算机科学和通信技术来设计、开发、安装和实施信息系统及应用软件。它也常被称为信息和通信技术(information and communications technology，ICT)，主要包括传感技术、计算机与智能技术、通信技术和控制技术。

随着信息化在全球的快速发展，世界对信息的需求快速增长，信息产品和信息服务对于各个国家、地区、企业、单位、家庭、个人都不可缺少。信息技术已成为支撑当今经济活动和社会生活的基石。在这种情况下，信息产业成为世界各国，特别是发达国家竞相投资、重点发展的战略性产业部门。

在旅游行业，信息技术是旅游信息化管理、信息化服务和开展旅游电子商务的主要技术，酒店信息管理系统是信息技术在酒店行业中的具体应用。可以说，信息技术的应用能力已经成为衡量一个酒店管理水平和创新能力的重要衡量指标。

二、信息化与智能化

1. 酒店信息化

酒店信息化是应用信息技术和产品实现酒店由局部向全局战术以及向战略应用信息技术的动态转变的过程。酒店运用信息技术手段对数据、信息进行有效采集,传播与挖掘,从而实现业务流程再造与优化管理。酒店信息化可实现酒店经营与管理模式的创新,从而实现酒店内外部信息的有效共享和合理利用,完成酒店经营活动过程中各种知识的挖掘、积累与传承,提高酒店的经济效益与社会效益。酒店信息化不仅需要酒店服务与管理流程的创新优化,还需要员工服务与管理理念的创新以及管理团队的重组与管理策略的创新。

酒店信息化是一项系统工程,需要梳理酒店的信息流,从理念、行为、产品、技术手段四个方面实现酒店管理团队与员工理念的信息化、酒店服务操作与组织管理的信息化、酒店服务与管理手段的信息化和酒店服务产品设计与应用的信息化。

目前,酒店信息化建设已然成为大趋势,但建设过程也应处理好引进、消化、吸收与创新的关系,最终实现自主创新、业务流程创新、管理创新与理念创新融为一体,加强建设实效,遵循实用和先进原则,循序渐进,注重可持续发展,挑选开放性、弹性适应、安全可靠的方案以实现经济与社会效益的最大化。

2. 酒店智能化

酒店智能化基于"客房信息化"的创新思想,是互联网时代下的产物,也是酒店对产品革新换代、提升传播力的有效途径。酒店智能化给酒店带来的好处是帮助酒店提升客人的入住体验,为酒店增添服务特色,提升服务管理水平,提高形象档次。

酒店智能化是为满足客人日益多样化、个性化的需求,针对酒店行业的特点而打造的一项系统工程。酒店智能化是以建筑设备监控技术、通信新技术、计算机信息处理、宽带交互式多媒体网络技术为核心的信息网络系统,是为了给消费者提供舒适、安全、高效的环境以及周到、便捷、称心的服务,满足消费者"个性化服务、信息化服务"的需要,是21世纪新经济时代酒店发展的方向。

酒店智能化也为酒店节能提供了技术手段。在不断满足人们生活质量和舒适度的前提下,依靠各个智能系统紧密联系、协调工作,提高酒店的综合管理水平及员工工作效率,并减少人员配置,最大限度地为酒店节约能源消耗。酒店智能化是吸引客源、提高入住率的有效措施,同时为酒店带来直接的经济效益。它丰富的内容、完善的管理、低廉的维护成本、高效的营销方案让客户体验到酒店智能化的新成果。

总而言之,智能酒店的发展宗旨是提升消费体验、节能降耗、降低人工和能耗的成本。移动终端取代传统的房卡及纸质票据也能降低酒店运营成本。人工的服务成本是随着社会的发展而不断增加,科技的维护和更新却随社会的发展而不断降低。智能设备的升级和推广及在酒店中的投入使用会使人工成本大大降低,智能化的设施在提升服务效率上有明显的效果。从长远来看智慧酒店的发展可实现较为可观的经济投入和产出比值。

三、酒店管理信息系统的特征

酒店管理信息系统是为酒店经营管理服务的辅助管理工具,是酒店科学管理的重要管理手段,其具备四个主要特性。

1. 辅助性

酒店管理的主体是人,计算机只是数据处理的辅助工具。酒店管理信息系统通过对酒店各种相关信息进行收集、处理和传递,最终为管理人员的战略决策和日常管理提供信息支持,辅助酒店进行正确决策,以达到实现酒店收入最大化的管理目的。通过该系统的辅助管理,使酒店管理更科学,日常事务处理更有序、更规范、更准确。

2. 开放性

酒店管理信息系统的开放性体现在它是一个具有信息的输入、输出功能的开放式系统。系统的输入功能体现在对各种票据、账单、报表等原始信息的采集和录入;输出功能体现在经过技术处理的各种报表、汇总表等有用信息的显示和使用。通过对信息的输入和输出,酒店不仅能对经营环境进行分析并适应环境,而且能在一定范围和程度上改造环境,从而积极营造有利于自身发展的环境。

3. 层次性

现代酒店管理具有明显的等级层次,可以划分为基础业务管理、中层经营管理和高层决策管理。作为酒店管理的信息化工具,酒店管理信息系统与之相对应也可以分为基层、中层和高层3个层次。其中,基层子系统主要是录入和管理一些基础数据,以提高酒店的工作效率和服务质量;中层子系统主要管理综合数据,以提高管理效率和管理精确度;高层子系统主要根据系统输入的结果信息进行酒店发展战略决策,以提高酒店的经营管理效益,包括酒店营销策略制定、发展战略规划、成本控制决策等。

4. 反馈性

酒店管理信息系统是对酒店的具体业务信息进行综合控制。而酒店的经营环境处于不断变化中,必须根据酒店管理信息系统输出的结果信息与外界的信息,及时调整内部处理方式或扩充相应的处理功能,从而保证系统输出的结果更加精确和实用。

四、酒店管理信息系统的意义

1. 提高酒店的管理效益和经济效益

应用酒店管理信息系统,通过节省大量的人力、物力,增加酒店的服务项目,提高酒店的服务档次,减少管理上的漏洞,从整体上提高酒店的经济效益。例如,完善的预订功能可以防止有空房漏租或满房重订的情况出现,可随时提供准确的房间使用和预订情况,从而提高客房出租率;散客费用的直接记账,可以有效防止逃账现象;完善的分析功能可用于市场销售,如确定宣传的重点区域和掌握价格的浮动等;通过正确控制房价、控制散客优惠,减少管理漏洞,提高客房收入。

2. 提高酒店的服务质量

计算机处理信息的速度很快,可以大大减少散客人住、结账的等候时间,提高服务质量。快速的散客信息查询手段,可以使散客得到满意的答复。餐费、电话费、洗衣费等费用的一次性结账,不仅方便了宾客,也提高了酒店的管理水平。回头客自动识别、黑名单散客自动报警、VIP散客识别等都有利于改善酒店的形象。清晰准确的账单、票据、表格,使散客得到高档次的享受。完善的预订系统,使散客的人住有充分的保证。完善的档案管理,使散客的个性化要求得到很好的满足。利用计算机保存大量的散客历史资料,通过统计分析,可对常客或消费金额达到一定数量的散客自动给予折扣;也可对散客的消费特点进行分析,总结散客生活方面的要求和特点,研究如何为散客提供更合适的个性化服务,如安排房间、提供就餐等,甚至细致到给散客送什么报纸杂志、生日礼品等。

3. 提高酒店的工作效率

计算机管理可以大大提高运作的速度和准确性,如计算机的自动夜间稽查功能结束了手工报表的历史。计算机资料的正确保存避免了抄写散客名单的低效工作,严格的数据检查避免了手工操作的疏忽而造成的错误,并使票据的传送、登记、整理、复核等一系列繁重劳动大为减轻。

4. 完善酒店内部管理体制

科学、正规、系统的酒店管理软件在酒店管理体系中发挥着强有力的稳定作用,可明显地减少员工及管理人员的流动对酒店管理的不利影响。系统提供的多种安全级别,保证各类数据不被无权过问的人查阅和操作。每天的审核制度,各种费用的优惠控制,应收账款的管理,员工工作量的考核,员工操作过程的跟踪,都可以加强酒店的管理工作。

5. 全面了解营业情况,提高酒店决策水平

酒店管理信息系统既能提供完备的历史数据,又能提供各种分析模式,使管理人员便捷地完成复杂的统计分析工作,从而加强对酒店运营的内部控制,提高管理人员的控制决策水平。

项目二　酒店管理信息系统

信息是酒店日常经营与管理的重要内容,每天都会接收大量的内外部信息。内部的信息有消费者信息、财务信息、物资用品信息等,外部的信息有行业市场信息、经济金融信息、相关协作单位信息等,科学、合理并安全地处理这些信息是酒店经营过程中的必做工作,而大部分的酒店,特别是智慧酒店通过借助酒店管理信息系统的强大功能来实现这一任务。以信息化为着力点,将传统酒店与现代信息化管理有机结合,通过信息化操作实施方案,降人力提服务,实现降本增收。

一、酒店管理信息系统的概念

管理信息系统(management information system,MIS)是信息科学的一个分支,是由人和计算机等组成的能进行信息的收集、传递、储存、加工、维护和使用的系统。

酒店管理信息系统(hotel management information system,HMIS)是 MIS 中的一个重要分支,是指利用计算机技术和通信技术为酒店经营管理和决策服务的人机相结合的综合系统。它是计算机管理系统在酒店中的具体应用,是服务酒店经营的,它既是酒店经营的辅助管理工具,也是酒店经营管理信息化的主要手段。

二、国内外的 HMIS 简介

1. 国外系统软件

1) 酒店系统鼻祖 ECI(EECO)

ECI 系统是美国易可(ECI)电脑公司最早于 1969 年开始研发的酒店管理信息系统。

ECI 公司是美国加州电子工程公司（Electronic Engineering CO,简称 EECO）属下的子公司,因此该软件也称为 EECO 系统。1970 年,在美国夏威夷的喜来登酒店部署了全世界第一个 ECI 酒店电脑系统。经过 20 多年的发展,达到了鼎盛,在全世界有 600 多家用户。亚洲第一家采用饭店管理系统的是香港美丽华大酒店,于 1977 年就采用了 ECI 系统。EECO 系统在鼎盛时期,在中国就有 60 余家用户,如杭州香格里拉、桂林文华、广州中国大饭店、青岛海天、香港美丽华大酒店等。

2）HIS 酒店系统

酒店业资讯系统有限公司（Hotel Information Systems,简称 HIS）于 1977 年成立,总部位于美国旧金山市,在中国香港、新加坡及泰国等地设有分公司,多年来为全球酒店业提供了高质量的应用系统及售后服务。目前 HIS 是美国上市公司 MAI Systems Corporation 的全资公司,全盛时期在全世界 80 多个国家拥有 4000 多家用户,如在中国有北京王府、北京中国大饭店、上海希尔顿、广州花园、浙江世贸中心等客户,而香港采用 HIS 系统的高星级酒店最多时占了 75％左右。

3）Fidelio 酒店系统

Fidelio 软件公司一般用中文名称"富达软件",它于 1987 年 10 月在德国慕尼黑成立,成立 4 年即成为欧洲领先的酒店软件产品,成立 6 年跃居世界酒店管理供应商之首,后来该公司合并入美国 Micro 公司。截至 2002 年 6 月底,Fidelio 已经在全球 144 个国家和地区的 14000 家酒店安装了近 50000 套系统,用户覆盖了 99 家知名的国际性酒店连锁集团和近 6000 家独立酒店。到目前为止,采用 Fidelio 系统的中国酒店企业超过了 220 家,其中五星级酒店超过 120 家,四星级酒店近 100 家,在中国的国际知名酒店管理集团大部分都使用 Fidelio 系统。

4）Sinfonia

2006 年,石基公司购得 Fidelio V7 源码,与 Micros－Fidelio 共享版权。2009 年,石基公司推出 Sinfonia version1.0,Sinfonia 在 Fidelio 基础上针对中国用户做出了重新开发。

5）HMS

Infor 是全球第三大企业管理软件供应商,近年来在酒店管理软件方面也有所动作,推出了自有酒店管理软件 HMS,其系统的主要卖点是云平台和移动计算,可以很好地实现酒店集团化运营,同时也可以和 Infor 公司的其他酒店管理软件很好地结合,如财务方面的 Sun 系统、收益管理的 ezRMs 等,是 MICROS 公司 OperaPMS 竞争对手。国产软件里,与 HNS 系统框架相同的有北京罗盘系统和杭州绿云（iHotel）系统。

6）Opera 系统

Opera 系统是美国 MICROS 公司在 ICOS-Fidelio 系统的基础上开发的新版本,作为企业级软件解决方案（PERAEnterpriseSolution）包含了 OPERA 前台管理系统（OPERA Property Management System,OPERA PMS）、OPERA 销售宴会系统（OPERA Sales&Catering,OPERA S&C）、OPERA 物业业主管理系统（OPERA Vacation Ownership System,OVOS）、OPERA 工程管理系统、中央客户信息管理系统（OPERA Reservation System）和 OPERA 收益管理系统（OPERA Revenue Management）等。其中 OPERA 前台管理系统是其核心部分简称 OPERA PMS,它可以根据不同酒店之间运营的需求多样性,来合理地设置系统以贴合酒店的实际运作,并且除单体酒店模式外,还提供多酒店、连锁酒门店模式。通过一个共享的数据库,支持多个酒店进行数据存取或者相互访问。目前在世界范围内的酒店,特别是国外,PMS 是使用最广泛的酒店管理系统。

2．国内系统软件

1）西湖软件(FOXHIS)

杭州西湖软件有限公司成立于 1993 年 6 月,是一家专致力于旅游饭店业信息化建设、开发和服务的高科技企业,它的客户数量目前在国内居首位。该公司由浙江大学计算机系人工智能研究所创立,研发了西湖软件(即 Foxhis 系统),目前最新版为 5 版。截至 2012 年拥有客户 4000 余家。2006 年 12 月 18 日与北京中长石基信息技术股份有限公司合并。2007 年,与石基公司一同使用石基信息(002153)的名称在深圳中小企业板上市。

2）中软好泰

北京中软好泰酒店计算机管理系统工程有限责任公司(简称中软好泰公司)成立于 1995 年,研发了中软好泰系统 CSHS。2006 年,中软好泰公司被携程网收购,成为在美国纳斯达克上市的公司,截至 2012 年拥有客户 4000 余家。

3）千里马酒店管理系统

千里马酒店管理系统最初由广东劳业电脑系统开发公司于 1993 年推出 DOS 版,1998 年推出 Windows 版(采用 C/S 结构,用 VB 开发,采用 Windows NT/2000 平台,使用 SQLServer 数据库),前 300 家左右饭店用户分布在广东、湖北、湖南、四川等省市。劳业公司于 1998 年被香港万达电脑系统有限公司收购,改名为广州万迅电脑软件有限公司。

4）北京石基公司系列软件

1998 年,李仲初创办北京中长石基网络系统工程技术有限公司,专门从事酒店信息系统的研究与开发,2001 年 12 月 21 日股份制改制后为北京中长石基信息技术股份有限公司。自 2003 年 7 月起,石基公司同 MROS 公司签订中国大陆市场(不包括香港、澳门、台湾)独家技术许可协议,全面代理了 MICROS 公司 Fidelio 和 OPERA 在中国大陆地区的全部销售。

另一方面,石基公司与北京世纪泰能科技有限公司共同设立北京泰能软件有限公司,石基公司以现金 500 万元出资,占公司注册资本金额的 65％,专门为低星级酒店提供服务。石基公司又在 2006 年 12 月 18 日与当时国内最大的酒店信息系统提供商杭州西湖软件公司合并,并连续开发和收购了一系列酒店信息化产品：2007 年收购餐饮信息化的香港 Infrasys 公司,2010 年收购银行卡、收银一体化软件供应商南京银石,2011 年收购餐饮信息化企业上海正品贵德,2013 年 4 月收购中国电子器件工业有限公司 55％ 的股份,同时石基开发了畅联(China online)、石基人力资源系统(HRMS)成本控制系统(PC)等,形成了较为完整的产业链。

三、酒店管理信息系统的发展趋势

随着信息技术的发展和酒店业本身经营方式的变革,酒店管理信息系新的系统特点及发展方向不断涌现,逐渐从信息化演进到智慧化。

1．专业化

随着市场竞争的加剧,酒店越来越注重目标市场的选择,通过开发个性化产品和提供个性化服务来赢得目标顾客。经济型酒店、现代商务酒店、青年旅馆、汽车旅馆、温泉度假村等都有各自明确的市场定位。不同酒店客人的旅行目的、住店需求有很大差别，这就要求酒店管理信息系统能够对顾客的需求进行详细分析，从而为不同的客户群提供不同的服务。因此，酒店管理信息系统的开发必须按照酒店本身的市场定位实现专业化与特色化。例如，经济型酒店不同于一般的星级酒店，它仅仅提供有限的服务。它的酒店管理信息系统必须简单明了，尽量做到培训简单、操作简单、维护方便、实施周期短。尽管经济型酒店单体系统往往功能要求简单，但由于这些酒店通常是连锁经营，因此集团化管理功能，如中央预订、常客预订、集团营销等是必不可少的。

2. 集团化

集团化经营策略是当前酒店业发展的必经之路。酒店的集团化管理不是仅指成员酒店的报表数据汇总、数据信息的上传下达等简单的管理，而是将集团下属所有酒店资源整合在一起，形成一个完整的系列。集团总部可以通过网络有效地管理各个酒店，及时了解各酒店的经营情况，各个酒店之间也可以通过互联网实现信息互传，并为客人提供服务。相对应的酒店管理信息系统就必须满足酒店集团化的要求。

集团化酒店管理信息系统是基于互联网的，包括集团中央预订系统、超常客计划、集团营销及客户管理系统、集团统一财务系统、集团统一采购系统等更高层次上的信息管理系统。目前集团化酒店信息管理系统的数据库工构主要有两种方式：一种是中央数据库方式，所有成员酒店及集团总部的数据集中存放在集团中央数据库，容易实现数据的一致性，有利于集团统一管理和控制。另一种是分布式数据库方式，集团中央数据库与成员酒店数据库相结合，数据分布存储、分布计算。集团和锁酒店各自能强化自身的业务运算，效率较高，一次性投入的经济风险小，受网络设施影响较小，整体系统的安全性较高，容易被集团的各种酒店业主所接受，适合于发展连锁酒店的酒店集团。

3. 集成化

目前，酒店建设向着集成化、智能化的方向发展，酒店内部有许多系统。

这些系统通过集成和互联才能更好地发挥作用。通过标准和协议，规范各系统之间的关系，使得资源能够合理配置，这样易于工程的实施和进行高效的运营维护，其结果是提高了酒店对客人的服务品质。酒店管理信息系统作为一个综合概念，经过不断地建设和发展，正逐渐形成一个涵盖数据采集、信息保存、信息处理、传输控制等功能的集成信息系统。目前酒店管理信息系统除一般集成电话交换机、门锁系统、语音信箱、VOD（视频点播）等系统外，通过互联网与银行、公安局中心数据库系统的集成已有许多酒店采用。而酒店管理信息系统与客房智能控制系统、酒店信息展示系统、客房管理系统的接口实现互联，将带动酒店的服务和管理达到更高层次。例如宾客抵达酒店只需要插入他的信用卡，操作自动登记系统就可以完成入住登记手续。再如用电话实现客房状态修改、语音信箱、自动问询、客房账目查询等，同时，通过管理信息系统还可以控制电子门锁、空调、灯光、热水等设备达到节能的目的，通过系统管理客房小酒吧，实现自动记账和监控，便于服务员及时补充饮料和食品。客房配备电脑或数字设备可以实现宾客自己结账，查询各种信息，还可以通过远程网络或网络处理公司商务。客人进店后，酒店前台系统通过接口对客房系统发出指令。客房电视系统接到指令后，在客人打开电视时会根据客人的母语显示相应的欢迎词，显示点播节目、账单查询和做好互动准备。

4.标准化

随着酒店管理的发展和市场竞争的日趋激烈,各酒店逐步采用标准化、制度化及预算管理、目标管理、定额管理、数理统计等科学的管理方法。因此,目前的酒店管理系统大多按照酒店的标准化业务流程设计,对酒店的人流、物流和资金流进行统筹规划。酒店业涉及的信息系统和产品众多,酒店业的应用系统不同,各家供应商的软件系统也各不相同,如果缺乏统一的行业标准使各个供应商相互协调,一方面会造成各个子系统互不兼容,导致资源浪费,另一方面也会阻碍系统整体水平的提高,无法完全符合酒店的需要。而对于一家酒店,如果各部门使用的是不同的平台、不同的软件,当员工进行软件操作的时候,需要学习各种软件,不但使员工的学习成本增高,也会影响酒店的效率。而对于连锁酒店集团而言,酒店不但需要耗费大量财力去维护不同的平台,而且当未来同一连锁集团的酒店共享服务中心或实施电子商务时,平台整合的任务会非常困难和昂贵。

项目三　酒店管理信息系统的功能

一、管理信息系统实现的功能

酒店管理信息系统在应用中,整体操作具有便捷性、自动化、信息化等特点,同时可结合酒店管理要求,实现以下功能。

1.房价管理功能

根据酒店管理中客户开房率的变化,实时更新房租折扣,提升酒店平均房价。随后通过系统的分账单功能,详细记录客户入住次数、投诉次数、消费情况、客房服务情况、有无遗漏物品等,便于后期在酒店管理中便捷的查询或给予客户提示,提升酒店整体服务水平。

2.保障服务质量

酒店管理信息系统可将酒店前台、接待区域合并处理,以此在控制酒店管理人工成本的基础上,保障酒店管理服务质量。

3.提升工作效率

酒店管理信息系统登录后的基面,属于多文档界面,管理人员可同时处理不同客户的服务要求,从而提升酒店管理工作效率,确保酒店服务的及时性。

PMS 系统不
间断方案

4.掌握酒店经营期间的基本情况

酒店管理信息系统在实现后,可与酒店电子门锁、财务软件、电话交换机建立连接。之后,系统在客户登记完成后,可提示管理人员,使其能够及时对空调设备进行预热、预冷,为客户提供个性化的酒店服务。另外,酒店管理信息系统在实际应用中,可为管理者提供自定义的报表分析功能,便于管理者结合自身情况修改、增设报表,高效率分析图表,继而直观掌握酒店经营期间的基本情况,全面地处理酒店管理信息数据。

二、PMS 的核心功能

PMS 作为酒店最早实现信息化的部分之一,是酒店管理信息系统最重要的组成部分。PMS 的核心功能可以概括为五项:客户(资料)管理、客房管理、业务管理(包括预订、入住、在住、离店等)账务管理和接口管理,这五大功能可以看作酒店核心资源在信息系统中的映射,各功能之间的关系如图 9-1 所示。

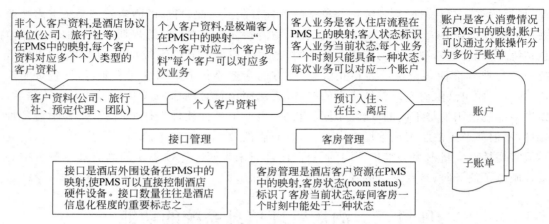

图 9-1　PMS 核心功能与酒店服务和管理的关系

小　结

本模块重点介绍了酒店管理信息系统。通过学习,学生了解管理信息系统的特征、主要的酒店管理信息系统、酒店管理信息系统的功能。学习本模块,有助于学生对酒店管理信息系统相关知识的掌握。

课 外 思 考

1. 什么是酒店前厅管理信息系统?
2. 酒店管理信息系统发展的趋势是什么?
3. 酒店管理信息系统实现的功能有哪些?

课 后 作 业

问答题

1. 酒店管理信息系统有哪些特征?
2. 简述管理信息系统对酒店经营管理的作用。
3. PMS 的核心功能是什么?

前厅服务质量管理

知识目标：了解前厅服务质量管理的内容；掌握服务质量管理的要点；掌握员工招聘的原则与方法。

能力目标：能够按照全面质量管理要求，完成前厅各岗位的工作；能够组织员工招聘；能够进行本部分岗位培训。

课程思政：敬业乐业，热爱本职工作；高度的工作责任心，乐于助人；公平公正，以身作则。

项目一　前厅服务质量概述

一、前厅服务质量的内涵

1. 服务质量的内涵

国际标准化组织 ISO 9000 族标准认为，质量是能够满足阐明的或隐含的需求的产品或服务特性与特点的总和。所谓服务质量，表现为客人对酒店的服务活动和服务结果的满足程度。酒店的服务能否满足客人，既取决于服务活动最终结果的好坏，也取决于服务活动的全部过程以及每一个环节的好坏。服务质量既取决于客人对阐明的消费需求的满足程度，也取决于客人对隐含的消费需求的满足程度。

2. 前厅服务质量

前厅服务质量是指酒店前厅以其所拥有的设施设备为依托，为客人提供的服务在使用价值上适合和满足客人物质与精神需要的程度。前厅服务质量的管理实际上是对前厅提供服务的使用价值的管理。前厅所提供服务的使用价值适合和满足客人需要的程度高低体现了前厅服务质量的优劣。前厅向客人提供的服务通常由前厅的设施设备、劳务服务的使用价值共同组成。

二、前厅服务质量的内容和标准

前厅服务是有形产品和无形劳务的有机结合，前厅服务质量则是有形产品质量和无形劳务质量的完美统一。

1．有形产品质量

有形产品质量是指前厅提供的设施设备和实物产品以及服务环境的质量，主要满足客人物质上的需求。

（1）前厅设施设备的质量。前厅设施设备包括客用设施设备和供应用设施设备。

（2）服务环境质量。对前厅服务环境质量总的要求是整洁、美观、安全、舒适且有秩序。

2．无形劳务质量

无形劳务质量是指前厅提供的劳务服务的使用价值，即劳务服务质量。

（1）职业道德与服务态度。职业道德是指从事一定职业的人，在职业活动的整个过程中应该遵循的行为规范和行为准则。

（2）服务效率与服务技能。前厅服务效率是指前厅员工在其服务过程中对时间概念和工作节奏的把握。前厅服务技能是指前厅服务人员在不同时间、不同状态对不同客人提供服务时，能适应具体情况而灵活恰当地运用其操作方法和作业技能以取得最佳的服务效果，从而显现出来的技巧和能力。

三、前厅服务质量的特点

1．构成的关联性和综合性

前厅服务质量构成的每一因素有许多具体内容构成，贯穿于前厅服务的全过程。其中，设施设备是前厅服务质量的基础，服务环境、服务行为质量是表现形式，员工的情感投入是补充。前厅服务质量构成的综合性特点要求酒店管理者树立系统的观念，通过训练有素的员工以不同的服务形式和服务程序为宾客提供服务，既抓"硬件"质量，又抓"软件"质量。

2．评价的依赖性和主观性

前厅服务质量的评价是由客人享受服务后根据其物质和心理满足程度进行的，因而带有很强的个人主观性。前厅服务质量是在有形产品的基础上通过员工的劳务服务创造并表现出来的，对诸多方面有较强的依赖性。

3．情感性

前厅服务质量还取决于客人与酒店之间的关系，关系融洽，客人就比较容易谅解酒店的难处和过错；而关系不和谐，则很容易导致客人的小题大做或借题发挥。因此，前厅服务人员在接待服务中，提供具有情感色彩的服务是前厅服务员应该努力追求的目标。这种思维方式，就是服务人员从客人的角度来考虑自己的工作行为，是在维护客人与酒店的利益，是"个性服务""亲情服务"及"超值服务"的具体体现，是培养"忠诚顾客"的良好时机。

四、酒店前厅服务质量管理的内容

1．服务人员的行为

服务人员的行为也就是前厅服务人员用服务形式直接创造的产品质量。这种质量是酒店前厅服务质量的主要表现形式，其水平也最难控制。前厅服务质量是服务人员向客人提供的可以被感知、评估的酒店产品的优劣程度。前厅服务是由一系列的行为构成的总和，并且这一系列的行为之间可以互相影响并共同作用于客人，最终形成对酒店服务质量的总体评价。在前厅服务中,服务人员的仪态、语言及应变能力等直接影响服务质量。服务行为质量主要包括服务态度、服务技能、语言、仪表仪容、礼节礼貌、举止、服务规范、职业道德、服务效率、精神面貌等内容。服务行为质量的高低取决于服务人员的素质以及前厅管理人员的组织能力和管理水平的高低。因此,前厅服务质量控制具有对服务人员的综合素质和自控行为能力要求高、依赖性强、服务过程短暂等特点。

2. 客人满意度

前厅服务是根据客人需要而直接向客人提供的,要评价其质量的高低,最好的途径是让客人来检验和评价。客人对前厅服务的满意程度取决于他们对每一次具体服务的心理感受。因此,要提高宾客满意率必须从客人的需求出发,做好宾客期望管理,掌握客人心理,慎重、妥善地处理客人投诉,尤其应注意客人隐含、潜在的需求,提供"满意+惊喜"的服务,这是前厅服务质量控制所追求的最终目标。服务人员应注重超出客人的事前期望,不断总结改进,力求以高水平的超值服务使客人满意。客人的满意与否主要包括以下两方面的感受。

(1) 期望值的高低。这是指客人头脑中对酒店服务质量形成的一种期望值或期待的质量水平。客人对酒店服务的期望值通常受以下因素影响。

① 需求不同,对服务的期望值不同。客人对前厅某项服务的需求越强,他们所期望的服务质量水平就越低。比如,一个非常疲惫的客人到达酒店前厅,他所期望的服务质量仅仅是快速地办理入住登记手续,尽快进入房间休息,而对大堂的装饰、环境、气氛以至服务人员的服装、态度、语言都无过高的期望。

② 酒店的信誉和形象。酒店的信誉、形象越好,客人对酒店的期望值就越高。

③ 客人在进入酒店之前所接收到的酒店进行的对外宣传活动,这些因素最容易使客人在未购买酒店服务之前产生不同的期望值。

④ 口碑。这一般是由酒店过去的业绩和客人过去的经验而形成的。

(2) 经验值的高低。这是指客人享受酒店的服务之后,对酒店服务的技术质量、功能质量进行实际体验所获得的感受和印象。酒店服务的最终质量是客人将期望值与实际感受相比较后而获得的满足程度,通常会产生以下四种不同的结果。

① 期望值高,实际感受好,客人如愿以偿,感到服务质量名副其实,感知服务质量高。

② 期望值低,实际感受好,客人感受出乎意料得好,感知服务质量最高。

③ 期望值低,实际感受差,客人感受很一般,感知质量还可以被接受。

④ 期望值高,实际感受差,客人感到名不副实、非常失望,感知质量最低。

五、酒店前厅服务质量标准

1. 酒店门前服务质量标准

(1) 门前环境标准。酒店门前应该整齐、美观,规划布局合理;地面清洁,无污迹、废纸、杂物,不乱放自行车;绿化良好,花园、草地、盆栽盆内无烟头、废纸;店徽醒目,位置适当,安装合理,中英文对照字迹清楚。整个门前环境应舒适、美观、整洁。

(2) 停车场环境标准。门前或院内有可停放不少于15%客人的汽车的停车场。停车位置画线固定,车场与车道分开,车道宽度不小于4.5米,有坡度不超过12°的残疾人车道。正门外挡雨亭下有行车道和宽度不小于2米的人行道。

（3）门前秩序与安全标准。酒店门前应该始终保持安静、有序。当酒店有重要的大型活动或外单位人员集体参观时，前厅部员工能指挥得当，无拥挤、杂乱现象发生。对个别精神病患者或不良分子，应高度警惕，处理及时得当。遇有危害酒店安全的紧急或特殊情况，能协同保安部人员及时、妥善处理，无岗位责任事故发生。

2. 酒店前厅环境和卫生质量标准

（1）前厅环境标准。酒店前厅内服务区域设置合理，整体布局协调美观，装饰布置独具风格。天花板、墙面、地面建筑和装饰材料及各种服务设施同酒店所定的星级标准相一致；台面大理石或水磨石装饰美观大方；接待、问询、行李、收款处中英文对照标牌醒目；灯光气氛、墙面装饰、色彩选用、地毯铺设、花草盆景、字画条幅等布置舒适典雅，有形象吸引力；各种服务设施齐全，分区摆放整齐、美观；厅内供客人休息的座椅、沙发不少于 20 座，并配有茶几或方桌；各种设备完好率不低于 98%。整个前厅空间构图形象美观，布局合理，气氛和谐舒适，服务安全方便。

（2）前厅卫生标准。酒店前厅门窗、玻璃、天花板、墙面、地面、灯具等各种设备配专人清理卫生。天花板、墙面无蛛网、灰尘，地面边角无废纸、杂物，门窗、玻璃无污点、印迹，门厅过道无障碍、杂物，盆栽盆景内无烟头、废纸。大厅地面一尘不染，地毯吸尘每日不少于 3 次。烟灰缸内烟头不超过 3 个。公用电话每日消毒不少于 2 次。整个大厅始终保持清洁、整齐、美观、舒适。

3. 酒店前厅门童服务质量标准

（1）人员服务标准。酒店前厅门童会说英语和普通话，迎接、告别语言准确规范。客人进、离店，开拉门服务规范及时，一视同仁。始终坚持站立服务和微笑服务，表情自然得体，无倚靠、蹲坐、串岗、脱岗等现象发生。

（2）特殊服务标准。对待贵宾、常客要特别照顾，能称呼其姓名或职衔，服务亲切、大方、自然。雨天应客人要求，能提供雨具租借服务。客人上下车遇雨时，能及时撑开雨伞。老弱病残客人进出时，要特别照顾。

（3）安全服务标准。无碰撞、挤压客人及行李现象发生。警惕性高，发现个别精神异常者或形迹可疑的人，会同保安部人员及时妥善协同处理。无安全责任事故发生。

4. 酒店客房预订服务质量标准

（1）预订设备标准。酒店预订部门室内应该保持整洁、美观。配备预订前厅、操作台、预订电话、联网计算机。各种设备摆放整齐，运转自如，完好率趋于 100%，无人为损坏和故障发生，能适应各种预订业务的需要。预订单、预订报表、来往函件等各种预订资料用品齐全，分类存放整齐，取用方便。

（2）预订人员服务标准。熟练掌握预订工作内容、预订程序和操作方法。熟悉酒店所有客房的等级、类型、设备、位置、价格标准及每天的租用情况。掌握计算机办公应用全套操作技术。熟悉预订来往函件、订单确认信等各种预订资料处理方法，能够熟练处理客人的各种预订。无人为差错和责任事故发生。

（3）预订受理服务标准。每天掌握可预订房间的时间、类型、预订可行性及接到的预订申请。全面掌握客人预订房间数、人数、抵离店时间以及航班和订房人姓名、单位、联系电话、付费方式等情况。电话铃响三声内接听，态度温和有礼，询问预订要求，准确填写订单。

函电预订、新订、更改、取消分类准确,针对客人预订要求处理快捷适当。前厅口头预订时,接待应主动热情,订单处理符合客人要求。婉拒、取消预订时礼貌周全,使客人满意。预订金、保证金的收取符合标准,手续规范。各类客人预订中的散客价、团体优惠价、协议折扣价等报价准确,讲求信誉。每个预订接受后,及时将订单内容准确输入计算机,保证每间客房延续预订的准确性,同时为前厅接待提供准确的资料。所有预订均无错订、漏订或重订现象发生。各类预订资料处理后,立即分类归档,准确加盖印章。无差错和人为责任事故发生。

(4) 预订确认服务标准。对已经确认的客人订房,在客人到店 5 天前向客人或预订代理人签发确认信(时间紧迫的确认需用电话通知),确认以下信息:客人预订的人数、房间数、客房类型和房价、到店时间、离店日期、航班等。复函处理礼貌得当,文字简练。确认预订与客人到店、预订房间兑现准确。无人为差错或预订纠纷发生。

(5) 订房核对标准。预订确认至客人到店期间,预订员按程序认真做好订房核对工作。间隔期 1 个月以上的预订,核对不少于 3 次;1 周以上的预订,核对不少于 2 次。核对时同订房人联系,核对房数、人数、到店时间等准确及时。核对中发现新订、更改、取消等的处理方法和质量标准与受理预订时的相同。每次核对后均加盖核对印章,资料处理准确,能保证满足客人的预订要求,不会因工作失误而造成订房差错。

(6) 国外预订情况通报标准。设有海外预订网点,加入公司海外预订系统或同海外代理机构签有订房协议的公司下属酒店,每天同海外预订机构互通酒店客房预订情况。酒店向海外预订机构通报各类客房预订、出租、可订房间、房价标准等情况,海外预订机构向预订部发回预订房间数量、类型、时间等情况资料。通报内容经主管审阅,准确及时、配额合理,符合签约原则,然后预订员将其输入计算机,将海外预订纳入酒店预订之中。无错报、漏报和差错发生。

(7) 团队预订协调标准。由销售部受理的团队、会议、重要客人订房,销售部受理完成后,将每个团队、会议或重要客人的全部预订资料填入预订单,交预订主管,经审核后交计算机操作员准确、及时地输入计算机,将团队、会议和重要客人订房统一纳入酒店预订中。无销售部团队、会议预订同预订部订房、散客用房不协调的现象发生。

(8) 预订客人接送服务标准。对要求接送的预订客人,预订部每周 1 次准确提供接送客人名单,经主管审阅后交机场代表人员或指定机构人员安排客人接送服务。机场接送提前半个小时到达,车站、码头接送提前 20 分钟到达。迎接客人时应主动、热情、礼貌。无人为错误、漏接、放空车、误接现象发生。

5. 酒店前厅客人接待服务标准

(1) 前厅接待设备用品标准。酒店前台应该设在能够观察整个前厅客人进出及活动的显眼处。前厅接待采用联网计算机,配备信用卡刷卡机、接待电话、入住登记卡、办公用品等各种设备用品,设备性能良好,操作灵便,完好率趋于 100%,无人为损坏和故障发生。用品齐全,摆放整齐规范,取用方便。整个前厅美观大方。

(2) 前厅接待人员要求。前厅接待人员应熟练掌握前厅接待程序、工作内容、操作方法和计算机办公应用技术,具有客房推销能力与技巧。能用英语和普通话提供服务,迎接、问候和服务语言准确、规范。接待客人主动、热情,服务效率高。

(3) 接待前的准备。相关工作人员应该每天提前 15 分钟上班,换好工作服,女士化淡妆,心情愉快地上岗。交接班清楚准确。正式接待前熟悉酒店全部客房的等级、类型、位置、设备、房价标准及利用情况,掌握各类客人当天预期到达、可能离店及可分房间的数量,准确制订预分方案。提前准备好当日入住客人房间、钥匙、欢迎卡、登记卡等各种资料、物品。各项准备工作做到充分、认真、细致。

（4）散客接待标准。当客人来到前厅时,主动问好,表示欢迎。询问、查询及核实客人预订房间快速准确。针对客人身份与需求,分配房号,办理入住登记,检查客人证件,落实付费方式,填写欢迎卡、入住登记卡、开房通知等规范、准确。入住登记中的客人姓名、房号、住期、租金等内容填写清楚,每位客人入住登记时间不超过 3 分钟。入住资料输入计算机和建立账户等操作规范准确,无任何差错和人为责任事故发生。

（5）回头客和贵宾接待标准。每天掌握回头客和贵宾到达名单,从计算机中调出其预订资料、接待规格。预先检查房间礼品、用品准备情况,准备好欢迎卡、入住登记卡、客房钥匙。对这类客人的到达表示热烈欢迎,请大堂经理带客人直接到客房办理入住登记手续,同时通知客房、餐饮等部门贵宾到达和其接待规格。对个别由前厅办理入住手续的客人,登记时间不超过 2 分钟。接待完成后,将资料输入计算机,入账手续办理准确,无任何差错和人为责任事故发生。

（6）团队客人的接待标准。团队、会议客人到达前,工作人员查询团队的预订情况,以核实他们准确的到达时间,制订好预分方案,在登记卡上预先填好已知内容,检查房间分配情况,准备好空白团队资料和团队名单。以上各项准备工作做到快速、准确、细致。客人到达后,接待员将客人引到团队接待室,表示欢迎;同领队、导游协商房间分配,填写入住登记卡、欢迎卡,核检身份快速、准确。客人进入房间后,接待员同领队、导游协商安排用餐时间和所在餐厅、叫醒服务、收行李时间、挂账和转账手续办理细致。整个接待过程,大团不超过 20 分钟,小团不超过 10 分钟。将团队、会议客人的入住登记资料、入账资料输入计算机,规范准确。防止有任何差错发生。

（7）无预订客人的接待标准。随时掌握可售房间数量、类型、位置及房价标准,以便向客人推荐。客人来到前厅,接待员像对有预订客人一样热情欢迎问候。具体询问客人所需房间类型、等级及住期,有针对性地推销客房,善于灵活运用推销技巧,报价、介绍客房等级和设备等准确。客人接受后,办理入住登记、检查有效证件、落实费用担保、开房服务等处理得当且快速、准确。

（8）换房与入住变更标准。客人提出要求换房的,询问客人换房原因和所需新房的等级、类型、房价等。在房间允许条件下满足客人要求。换房单填写清楚,手续规范,通知楼层为客人换房,全部工作在 1 个小时内完成。酒店请客人换房的,解释清楚原因,调换房间准确及时。客人要求提前离店或延期住宿,在不影响新客预订入住的条件下,快速办理手续,满足客人要求。客人要求降低房费,应礼貌地同客人协商,向客人解释房价政策,或交给前厅部经理或主管处理。

（9）接待报表管理标准。前厅夜班职员每天按规定程序制作预订来源、客房出租统计、预订未到、提前离店、住店贵宾名单、团队资料、待修房号等报表。各种报表填写清楚,统计数字准确,分送部门和分类归档准确及时,无人为差错发生,能够为延续入住登记和高中层管理人员提供决策分析依据。

（10）前厅接待协调配合标准。前厅接待人员应该同预订、问询、行李、总机、前台收银、客房、餐饮等部门主动配合，以保证关系的协调，互相支持，无脱节、互推责任的现象发生，以提高酒店的整体服务效果，并尽量让客人满意。

6. 服务时限

客人经过长途跋涉，到达酒店的时候，迫切需要休息，他们渴望服务员能为他们提供快捷的服务，使他们能顺利进入客房休息。因此，前厅服务时间的长短就成为衡量服务效率和质量的重要标准。例如，为客人办理入住登记手续时间为三分钟，结账离店手续为四分钟，但是，管理者不能脱离员工实际业务能力而片面追求服务时限，而是要在保证服务成功率的前提下，尽可能地在规定时间内准确、成功地完成对客服务。

7. 服务设施与设备

服务设施与设备是保证前厅部向客人成功、高效地提供全面服务的基础，包括直接供客人使用的，以及服务人员用以向客人提供服务的。比如，总台依靠现代化设备，为客人办理入住登记手续时间、结账离店手续时间可以大大缩短，客人也会非常满意。如果酒店使用的计算机系统落后，程序编制上有很多漏洞，处理数据速度缓慢，那么员工就无法较好地完成对客服务，客人也就不可能对服务质量有好的评价。因此，在服务质量标准中必须明确规定为在规定时限内完成规定服务程序所应该提供的设施设备，以保障对客服务能高效完成。

项目二　前厅服务质量控制

一、酒店前厅服务质量控制的特征与要求

1. 前厅服务质量控制的特征

（1）全方位：指酒店前厅部的每一个岗位都要参与服务质量管理。

（2）全过程：指酒店前厅部的每一个岗位的每一项工作，从开始到结束都进行服务质量的控制与管理。

（3）全员：指前厅部所有员工都要参与服务质量管理。

2. 前厅服务质量控制的要求

（1）实施服务质量控制涉及一系列程序性的工作，如建立服务质量控制的组织机构、制定服务标准、进行检查处理、对存在的服务质量问题进行调查分析等。

（2）前厅部各岗位具体的服务质量控制体系，就是把上述内容落实到每一个岗位的具体工作中去。

（3）制定严格的操作规范。在前厅的接待服务工作中，将服务人员重复性的操作行为进行规范化管理，并尽可能地制度化，是前厅服务质量控制管理的关键。工作的重复性是前厅服务工作的一个显著特点，由于存在不同顾客的不同需求，以及同一顾客的不同需求的市场现实，因此，规范前厅服务员的操作，把规范化的服务标准上升为一种制度，以求尽可能地消除服务人员因个人主观臆断而造成操作的随意性，从而确保服务质量，有利于服务人员在日后的工作实践中不断地进行自我完善和提高。

二、酒店前厅服务质量控制体系的筹建与管理

酒店前厅服务质量控制的保证体系是酒店的一个子系统，这个系统是以提高酒店服务质量为目标，并且具有明确的任务、职责、权限的一个有机整体。它包含以下三个部分。

（1）酒店前厅应设立以总经理为首的服务质量领导机构，建立服务质量监督网，负责确立酒店服务质量管理目标，研究制订服务质量管理计划，并负责组织、协调、督促、检查各部门的服务质量管理动态。

（2）各部门根据各自的业务情况设立服务质量管理小组，主要负责本部门服务质量管理计划的制订和落实。部门服务质量管理中涉及与全酒店或其他部门有关的问题，则和有关主管部门的服务质量管理小组协调。横向联系中难以解决的问题，交由酒店服务质量管理领导小组解决。

（3）各小组开展服务质量小组活动。重点是根据服务质量管理工作的要求，抓好标准化、程序化、制度化、原始记录等各项工作的具体落实，及时收集和解决服务质量管理工作中的问题。

酒店前厅服务质量控制保证体系的建立与运行还要做好以下准备工作。

1. 筹划准备阶段

（1）制定明确的质量管理目标与质量方略。质量方略是质量控制体系的灵魂，是一个服务机构总的质量宗旨和方向。只有制定明确的质量方略和目标，才能使整体服务质量控制体系形成核心，才能有的放矢地选择要素和确定质量活动，并最终形成以质量方针为核心、以质量职能为运行机制的有机整体。应该注意的是，质量方略的内容不应是笼统、空洞的口号，而应该具有实实在在的内容，有较长时期的适用性，并用人们最容易理解的语言表达出来，形成书面文件。

（2）明确各岗位的质量控制责任。这是建立质量控制体系的主要内容，它可用来把整个质量控制体系各岗位、各环节的质量管理工作统一组织起来，形成一个以提高服务质量为目标的有机整体。

（3）统一学习质量标准，统一认识。酒店通过教育培训，使员工了解建立质量控制体系的作用和本岗位质量活动的内容，调动员工做好服务工作的积极性，掌握与客人进行有效沟通的方法。

2. 确定质量控制体系文件的文字内容

质量控制体系的文字内容是质量控制体系的具体化，是以文字的形式对质量控制体系进行详细的描述，包括质量手册、程序文件、质量记录等。这些文件是为满足质量控制体系有效运行的需要而制定的，也是质量控制体系建立和运行的依据。

3. 质量控制体系的执行

酒店必须组织前厅部所有员工认真学习质量控制体系的所有文件，并彻底地执行，使每个员工在各自的工作岗位上自觉按照质量控制体系文件中的有关规定办事。通过质量控制体系文件的贯彻和实施，使影响服务的各种因素都处于受控状态，从而保证前厅部提供的服务能够使客人满意。建立有效的质量控制体系可以预防各种质量问题的出现，一旦出现质

量问题的苗头,也便于及时分析,并采取有效解决措施。

(1) 建立严格的检查体系和可靠的服务质量信息反馈系统。采用各种方式加强服务质量检查,并要认真记录。检查结果要及时向上报告和通报,以利于及时整改。检查、检查、再检查是前厅服务质量控制的最主要手段。

(2) 推行服务质量的保证制度、测评制度和奖惩制度。

(3) 设计顾客意见调查表。对顾客意见分类统计并及时报告,针对客人的意见及时采取措施,进行整改。

(4) 计算顾客满意率,及时编写质量管理简报,评估前厅服务质量,表扬为客人提供优质服务的员工,反映客人当月提出的主要问题,公布一些重大投诉处理结果,并对前厅服务质量的改进提出指导性的建议。

(5) 运用多种方法,实施有效的质量管理,并抓好预先、现场和反馈控制三个环节。

(6) 做好提高服务质量的基础工作,开展经常性的服务质量教育活动,建立有效的培训体制,运用各种形式对员工进行培训,培养员工的质量意识和工作责任心,提高其服务水平。员工应该树立一些质量意识:始终将满足客人的需求放在首位;应该知道服务质量只有好坏之分,不存在较好、中等、较差等过渡类型;"预防错误""第一次就做对"是最经济的质量成本,提高质量就是降低成本。

三、酒店内部对前厅质检关键点的控制

1. 服务效率控制

服务效率与服务质量息息相关,效率的高低是衡量服务质量的重要参数。服务效率的高低主要取决于员工操作技能的熟练程度和被激励程度两个因素。

2. 质量标准与现场执行控制

酒店的质量标准往往是用文字条例的形式规定员工在酒店里的行为规范和行为准则。质量标准制定的目的是酒店的服务规范,而要达到规范的目的,就必须确保组织成员人人遵守规则、执行标准。

四、前厅服务质量检查后的主要工作及要求

1. 撰写前厅服务质量检查报告

在前厅服务质量的每一次检查之后,将检查现场发生的实际情况记录下来,形成检查报告,不掺杂自己的主观看法和评论。

2. 分析前厅服务质量存在的问题,制定相应的解决措施

服务质量管理与控制的重要任务,就是根据现象找出更深层次的原因,并举一反三、触类旁通、标本兼治地去解决问题。在检查程序完成以后,应根据检查结果分析问题产生的原因,并找出相应的对策。

五、全面质量管理

所谓全面质量管理,即 TQM(total quality management),是指一个组织以质量为中心、

以全员参与为基础,其目的在于通过顾客满意和本组织所有成员及社会受益而达到长期成功的管理途径。在全面质量管理中,"质量"这个概念和全部管理目标的实现有关。酒店前厅 TQM 是在酒店前厅部范围内广泛开展的,为提高服务质量而采取的各种管理方法和手段。它的内涵就是:全面——全员参与、全程控制、全面管理;质量——提高客人对前厅服务的满意度;管理——管理的重心是对员工的组织,以组织代替监管。前厅全面质量管理的目的是:提供符合客人需求和期望的前厅服务,保持客人对酒店的忠诚;通过质量管理体系与技术提高经营业绩,避免价格竞争;建立团结协作、负责的组织环境,吸引优秀员工。

服务质量控制方法

六、服务质量控制方法

1. 部门自查

部门自查可以分为模拟考查与随机抽查。模拟考查是事先告知员工将进行考查,员工按照角色扮演(role play)的方式演示服务流程。随机抽查是指员工工作时,部门管理人员在旁观察其工作内容是否符合酒店服务标准。这是考查的最基本方法,部门管理人员熟悉部门服务标准,能够直接指出服务过程中的问题并提出改进方针。然而一线工作岗位工作较为繁忙,很难有机会全程检查;各部门都是站在自身角度出发的,仅靠部门视角,容易忽视一些问题。

2. 酒店自查

人力资源部检查各岗点员工状况,比如仪容仪表、电话礼仪、产品知识等;酒店管理层在楼层巡视时监督员工工作动态。脱离部门视角,更全面地进行检查,可以发现一些部门内部习以为常的问题。但是一方面对标准的熟悉情况不同,有时候可能不能发现细节的问题;另一方面管理人员数量较少,员工习惯后容易防范,出现领导在一个样,不在另一个样的情况,降低检查的效果。

3. 第三方机构检查

酒店委托第三方机构,安排专业人员对酒店进行暗访,也就是神秘访客。神秘访客站在客人的角度,体验酒店提供的全套服务,依据酒店集团标准严格的评判酒店执行情况,客观评分,是衡量酒店管理水平、服务水平的可靠信息。

尽管如此,通过不断地总结经验,酒店对于神秘访客也总结出了一些规律,比如:神秘访客显得对各种服务都感兴趣,神秘访客会光顾酒店的各个营业场所,神秘访客由于处在工作状态,一般是单独出行。这就使酒店提前获得了对策,有违酒店检查的初衷。因此,目前的神秘访客制度也需要推陈出新,让自己变得与普通客人无异。比如,去餐厅暗访,可以订几个人的位置,或改成朋友聚餐等。

4. 宾客满意度反馈

归根结底,酒店集团制定的标准也不是万能的,也可能存在改进空间。每个地方的客人自有一套衡量标准。在实际工作中,宾客的满意才是检验酒店服务质量的唯一标准。宾客表达自身态度的方式有赞赏、投诉、网评等,比如携程等第三方网站的得分情况。与前三者不同,这种类型的检查结果,直接会影响酒店的经营甚至是声誉。因此,对于住店客人反馈的问题,必须重视,及时处理,避免客人将不满发泄到网络平台上。

项目三　前厅部员工管理

一、员工招聘

（一）前厅部配备员工的原则和方法

1. 前厅部编制定员的原则

控制酒店工资费用（占总费用的 55%～75%）；保证酒店正常运转（员工负荷 75%～85%）；保证酒店服务质量（以期可持续发展）；提高工作效率（充分发挥员工的潜力）。

2. 编制定员的程序方法

（1）根据酒店的经营类型和特色，确定前厅部的组织机构和岗位设置。根据酒店规模大小、星级高低、经营特点及管理方式确定前厅各个岗位数，如客房预订、大堂礼宾、问询、总台接待、总机、大堂副理等岗位。

（2）预测岗位工作量。依照服务流程和分工要求，审视各个岗位在既能保证正常运转、服务质量，又能充分发挥员工潜能及提高工作效率的前提下是否可以取消或合并。如总台接待、问询和收银三个岗位可合而为一，一名总台接待员可以同时又是一名收银员和问询员。

（3）确定岗位工作定额。确定每一岗位的员工数需考虑的因素有服务设施设备设置的数量、先进性及利用率和各岗位工作量的预测。员工岗位工作量取决于法定工作时间长短、实际工作时间的计算方法、员工工作效率和工作标准四个基本因素。

（二）前厅部员工的招聘与甄选

1. 招聘与甄选的方法

招聘和甄选是前厅部落实人力资源必不可少的步骤。为了有效地运用人力资源，管理者可运用以下方法来落实。

（1）根据员工的素质、数量和工作岗位来决定人力需求。

（2）考评具备一定程度知识、技能的在岗员工，以升迁的方式将其安排在最合适的岗位。

（3）按照酒店内各职级的水平和要求，发掘和训练所需人才并设计恰当的培训程序。

2. 招聘与甄选的程序

（1）工作分析。工作分析是对某一岗位的工作内容和相关要求做全面、系统的描述。岗位职责和任职要求就是具体工作程序的体现。岗位职责要对有关工作的性质、任务、责任、工作内容等进行清楚地阐明。任职要求一般会列出并说明执行岗位职责所需要的个人素质及特性、技能、性格、教育程度等，因此在招聘与甄选员工的工作中它特别有帮助。

（2）制订招聘计划。招聘计划通常由酒店人力资源部在制定了招聘和甄选政策以及知悉各岗位人员的要求、需招聘的人员数量等情况下加以设计。

招聘计划一般包括以下内容。

① 招聘的岗位和人数。前厅部经理应根据部门的实际工作需要确定招聘对象，将缺额人数报人力资源部，人力资源部再对前厅部提出的需要进行审核。

② 招聘的途径。前厅部员工的招聘途径总体上可分为内部招聘和外部招聘两种。内部招聘是通过对酒店在职员工进行考评,采用调动或晋升、工作轮换等方式,将符合缺员岗位要求的申请人安排到相应的岗位上。这种方法使员工有一种合理、公平竞争的平等感,能提高员工的士气和生产力。内部招聘的成本低于外部招聘。外部招聘是酒店管理者从酒店外招募人员来填补空缺岗位。外部招聘采用的形式一般包括广告招聘、网络招聘、临时职业机构介绍、相关院校以及员工推荐介绍等。

③ 招聘的准则。招聘准则的制定直接关系到招聘员工素质的高低,如以学历为依据,以经验为依据,或以个性魅力与态度为依据。

④ 招聘时间。明确招聘的具体时间。

⑤ 招聘地点。如考虑在人力资源部或申请人就读的学校进行。

（3）制作并发布招聘广告。招聘广告是招聘员工的重要工具之一。招聘广告的内容包括酒店的基本情况、应聘者的岗位职责和任职要求、工资福利待遇、报名方式、时间、地点以及需要携带的证件、资料等。

3. 甄选员工

招聘信息发布后,前厅部应选择恰当的人选担任甄选员工这项工作。一般情况下,应有前厅部经理参加。

（1）筛选。人力资源部和前厅部经理共同对应聘资料进行审阅,初步确定符合条件的人选。有条件的话,经理们应查阅能证实应聘人身份及其以往工作经验和技能的相关资料。

（2）面试。面试的目的在于招聘部门和应聘人员信息的双向沟通。通过面试,应聘人员会形成对招聘人员、酒店、前厅部的初步印象,正如招聘人员会对应聘人员能否适应工作产生印象一样。在大型酒店,一般由人力资源部负责对应聘者进行初步面谈和筛选,然后由前厅部面试人员进行主要、深入的面谈,再决定是否录用。

二、员工培训

（一）培训的意义和原则

1. 培训的意义

（1）传播企业文化。培训能使员工对企业文化、酒店的经营目标和服务理念有深刻的体会与理解,能培养和增强员工对酒店的认同感。

（2）提高员工的个人素质和技能操作水平。培训能使员工了解其岗位工作的要求,获得专业知识,掌握服务技能和技巧,提高外语水平,使员工的个人素质得到全面提高。

（3）提高工作效率。培训能使员工对各岗位服务流程的设计加以理解和贯彻执行,这不仅能提高服务质量,还可以节省时间和体力,提高工作效率,起到事半功倍的作用。

（4）降低经营成本。从表面上看,培训增加了酒店的营业支出,但事实上,有效的培训对降低酒店的经营成本起着重要作用。试想,没有经过良好培训的员工因工作效率低下、出错率较高而引起客人的高度不满和高投诉率,由此而造成的直接后果就是高额"纠错"成本、客人的不断流失,从而使酒店的营业成本不断上升。

（5）提升服务质量。培训的最终目的是提升服务质量。培训可以确保员工掌握正确的工作方法,改正错误的工作习惯,增加客人的满意度,使服务质量有所提升。

（6）增加职业安全感。培训能使员工增加安全意识，掌握正确的操作方法，使员工的人身安全和酒店财产安全得到保障。

（7）增强工作积极性。培训使员工的能力不断得到开发，为员工自身的全面发展提供了有利条件，增强了员工的信心。当员工接受一项重要的培训时，会有一种被重视的感觉，他会主动应用所学的技能来提高工作效率，从中获得成就感和满足感，工作更安心、更有积极性。

（8）提高管理效率。培训能使员工增强对酒店管理工作"有规可依、有章要循"的约束意识，可以让管理者不再陷入补救错误、更正失误的事务中，可有充足的时间从事管理工作，提高酒店管理水平。

2. 培训的原则

（1）针对性。针对性的核心是实用性。培训的内容要紧密结合酒店实际情况，以前厅部各岗位的实际工作需要为依据，岗位不同、职能不同，培训的需求及内容也应不同。

（2）系统性。培训工作的系统性表现在以下四个方面。

① 培训组织的系统性。对员工的培训，不仅是人力资源部的事，也是各个部门的重要工作内容之一。酒店应根据自己的管理目标，把酒店的统一培训和部门自行培训有机地结合起来，形成一个互相联系、互相促进的培训网络。前厅部应加强与酒店培训部的沟通、合作与协调。

② 培训内容的系统性。前厅部应根据其岗位工作特点、员工的基础和素质条件，有针对性地制订培训计划，确立长、中、短期培训目标。培训的内容与前一次及下次培训的内容应有衔接，避免培训工作的盲目性和随意性。前厅部管理人员还应给每名员工建立培训档案，做好培训记录，通过系统培训，循序渐进地提高员工的整体素质。

③ 培训形式的多样性。前厅部岗位多的特点决定了不同的培训对象、不同的工作内容要采用不同的方法进行培训。多样性体现在多层次、多形式和多渠道等方面。可针对培训对象的岗位、工种、职能特点，分层次确定不同的培训内容，划分不同的培训标准，采用多样的培训形式。如根据时间划分，有中长期、短期和速成教育培训；根据培训方式划分，有全脱产、半脱产、业余学习培训；根据教育培训性质划分，有岗前、在岗、转岗、技术等级及升级培训等。

酒店的培训不应仅局限于本酒店的力量，还应广开门路和渠道，如请专家做讲座，到有关院校或酒店进修或到境外酒店考察培训等。

④ 培训理念的永续性。现代酒店的培训理念是"终身教育""终身培训"。酒店在不断发展，在工作中随着环境的变化和顾客需求的变化，如科学技术在酒店的应用、客人消费档次的提升、消费模式个性化等，员工都需要继续接受再教育、再培训，以适应新旧服务内容和形式上的交替，提高服务水平、服务质量和顾客满意度。因此，对员工的培训不是一朝一夕的事，必须长期坚持，使其成为酒店人力资源管理永恒的主题。

（二）培训的内容和类型

1. 培训的内容

（1）酒店从业人员的职业道德、服务意识和酒店的规章制度。

（2）旅游和酒店业的基本知识，如主要客源国的政治、地理、历史和民族风俗习惯，酒店的组织机构、主要产品、服务项目、服务技巧、目标市场及客房销售艺术等。

（3）仪表仪容和接待礼仪。

（4）安全消防知识。

（5）外语。

（6）管理人员的管理技能与艺术。

2．培训的类型

分类对成功组织培训十分重要。合理分类可以保证教育培训方向与目标的集中，保证培训效果的有效实施。

（1）新员工入职教育培训。新员工入职教育培训是指在员工上岗前帮助其对工作环境和要求有比较全面的了解。教育培训内容主要包括酒店的期望、工作环境的介绍、酒店和部门的规章制度以及礼貌礼节、安全知识、服务意识、服务态度等，旨在使新员工能够对酒店产生信任感和归属感，培训新员工对酒店的热爱和对企业文化的初步认同。

（2）在职员工培训。在职员工培训是指对员工工作密切相关的文化知识学习和技能技巧训练。培训内容也相应地变为传授实际工作领域的新知识与新技能，以提高他们的业务技能和服务水平，保证高质量的对客服务和酒店的良好运转。

（3）脱产培训。脱产培训是指员工在一定时期内离开工作岗位，参加专项业务学习或进修。培训内容涵盖服务技能和管理理论等各个方面。这种培训要求员工集中精力、保证时间，且培训过程连贯，是酒店和部门培养业务骨干或管理人员的一种重要手段。

（4）管理培训。管理培训是指对具有潜在发展前途的服务人员或管理人员进行晋升之前的培训。培训内容重点放在了解和掌握各个部门、各个岗位的工作内容、特点、服务技能和管理技巧上，以适应岗位的需求。

（5）专题培训。专题培训是对员工就某个专项课题进行的培训。其方式和内容可以灵活多样，包括组织业务竞赛、专题讲座和英语培训等。

此外，酒店和部门组织员工培训还可以根据对象范围的不同分为全员培训、部门培训和小组培训；可根据培训主题的不同，分为专业技术培训、营销培训、管理能力培训等。

（三）培训的计划与实施

1．培训需求分析

前厅部管理人员应加强对员工的管理及其对客服务流程的控制，评价前厅部员工和组织的绩效水平，明确实际工作结果与预期工作目标的差距，对产生问题、差距的原因进行具体分析，由此确定是否通过培训或其他方法来解决问题。管理人员还可依据客人投诉、员工建议、问卷调查、暗访、技能测试、工作活动分析等，了解客人不断变化的需求和酒店服务中存在的问题，确定有针对性的培训需求。

一般在下列情况下需要培训：酒店筹备开业前；新设备、新技术投入使用时；新员工上岗前和岗位变动时；服务流程、工作程序调整、变更时；客人投诉率上升、服务质量下降时；工作中不断出现差错、工作效率低下时；部门或岗位之间沟通协调出现问题时。培训必须有针对性和目的性。培训质量控制的第一步就是要能检查酒店和部门在经营、管理、服务等方面存在的问题，即发现培训需求，这是培训工作的起点。

2. 制订培训计划

前厅员工角色位和培训

员工激励

培训是一项重要的管理职责,必须开展培训才能确保高质量的绩效。管理团队需要开发高质量的员工,做好培训计划可以减少错误的发生,在培训中应将所有的工作规程进行讲解和展示。

(1) 确立培训计划和目标。通过对培训需求的调查分析,确立酒店和部门培训的总体目标。如可通过年度培训计划的总结及分析新的培训需求,确立需要通过培训而达到的新目标,成为本年度或下一年度的重点培训项目。

(2) 确定培训计划类型。培训计划将所需要完成的培训任务进行时间和空间上的分解,以便具体落实到不同的部门和个人。培训计划按时间分类,可分为长期、年度、短期三种类型。

(3) 设计培训计划内容。培训计划务必具备以下内容:培训项目的名称——培训主题;培训的目的——努力方向;培训的条件及要求——参加培训的人员及参加培训活动的纪律、服装、装备等要求;培训的方式——学习形式;培训时间——起始日期及具体课程的时间安排;培训地点——培训场地;培训设备——为培训所配置的教具;培训者——实施培训的人员;考评方式——培训结果的考核方法。

(4) 选择培训形式和方法。培训形式和方法是为培训内容服务的,是为培训对象完成培训计划实施、达到培训效果提供的途径。

① 讲授法。这是传统的培训方法,培训者通过语言表达,系统地向培训对象传授知识,使听讲人从中受益。例如,了解服务礼仪、酒店产品知识、客源国的风俗习惯等,可选用这种方法。

② 操作示范法。这是部门用于技能方面训练的一种通用方法。培训者通过演示把需要掌握的技术、程序、技巧等呈现给培训对象,让听讲人反复训练,使其操作逐步熟练直至运用自如的程度。

③ 视听法。视听法是利用电影、录像、录音、计算机等视听设备和教材进行培训的方法。

④ 研讨法。研讨法是指为了使培训对象更好地理解、掌握某项学习内容,在培训者的指导下,让受训者在讨论过程中相互交流和启发,以实施培训内容。

⑤ 案例教学法。案例教学法是指针对某个特定问题,把实际工作中真实的情景加以典型化处理,展示给受训者,由他们来思考、分析和提出解决问题的方法,以提高他们的分析能力及解决问题的能力。

⑥ 角色扮演法。角色扮演法是指由培训者为培训对象提供一个特定的场景,让受训者在担当实际工作中应有角色的过程中体验不同角色的心理,以起到"理解对方"的作用,从而更深刻地理解自己的工作环境、工作任务和必须掌握的工作技能,以此来提高他们面对现实和解决问题的能力。

(5) 实施培训与控制。培训效果的好坏取决于管理人员是否根据培训计划、培训要求和培训方式对培训的具体实施过程进行了有效的控制。在正式开始培训前,管理人员应向参加培训的员工说明培训的必要性和对员工个人发展的益处,提高他们参加培训的积极性和主动性。在实施培训过程中,要检查培训者的学习态度、表现和出勤情况,以此为依据对员工进行培训时的考核。管理人员要注意收集员工对培训的各种反馈意见和建议,以此作为培训效果的评估内容。人力资源部可采用一些手段对授课过程进行记录,保存培训过程资料,如电子文档、录音、录像等,以监督培训方案的贯彻落实,方便对日后培训工作的指导。

(6)考核和评估培训效果。培训结束后,应对每项培训展开考核和评估工作,以判断培训是否达到预期效果,总结经验和教训。评估应从以下四个层面进行。

① 反映层评估。反映层评估是指通过发放调查问卷的方式进行,可向受训者提的问题包括喜欢培训项目的程度、课程是否达到了目的、教材(设施)是否适用、教学方法是否满意、感兴趣或不感兴趣的内容、培训者的意见和建议。

② 学习层评估。学习层评估是指通过比较受训者在培训前后知识以及技能的掌握方面有多大程度的提高来进行的,此评估需要做好历史数据的收集,可采取的方式有笔试、口试、实际操作测试、绩效考核。

③ 行为层评估。行为层评估是指通过上级、同事、客户和下级对受训者在培训前后实际操作应用程度的综合评价进行绩效考核。

④ 结果层评估。结果层评估是指通过酒店的一些具体指标来考评培训的最终效果,可选用的指标有客人的投诉率、客人的满意度、员工的流动率、员工的满意度、财务性指标。

小　结

本模块重点介绍了酒店全面质量管理、前厅部员工的招聘和培训。通过学习,学生应了解前厅服务质量管理的内容,掌握服务质量管理的要点。学习本模块有助于学生在工作中组织员工招聘,胜任并完成本部门的岗位培训工作。同时,能够按照全面质量管理的要求,完成前厅部工作,提升酒店的对客服务品质。

课 外 思 考

1. 酒店前厅服务质量的内涵是什么?
2. 前厅服务质量的要素有哪些?
3. 什么是对客个性化服务?

课 后 作 业

一、单选题

1. 以下对于前厅服务质量的叙述,错误的是(　　)。
    A. 服务质量具有不稳定特性
    B. 客人评价是服务质量评价的重要途径
    C. 内部检查是服务质量的检查手段之一
    D. 神秘访客属于内部检查

2. 以下对于宾客期待的说法,不正确的是(　　)。
    A. 酒店的服务超过宾客的期待,使客人惊喜
    B. 酒店的服务未达到宾客的期待,使客人失望

C. 为了提高满意度,可以降低宾客期待

D. 为了维护声誉,应保持宾客高期待

3. 确定岗位所需员工数时,以下不需要考虑的因素有(　　　)。

A. 服务设施设备的数量、先进性和利用率

B. 预设各岗位的工作量

C. 考虑客流量的大小

D. 酒店星级的高低

4. 前厅操作层员工的培训不包括(　　　)。

A. 岗前培训　　　　　B. 在岗培训　　　　　C. 转岗培训　　　　　D. 离职培训

二、问答题

1. 限制酒店质量管理的因素有哪些?

2. 什么是全面质量管理?

3. 结合本章节内容,说说如何提升前厅部的服务质量?

4. 前厅部员工的培训方法有哪些?

5. 前厅部排班应该考虑哪些因素?

参 考 文 献

[1] 郑红,颜苗苗.智慧酒店理论与实务[M].北京:旅游教育出版社,2020.

[2] 郑治伟,李晓铮.酒店前厅与客房管理[M].北京:经济科学出版社,2020.

[3] 孟铁鑫.酒店前厅管理实务[M].杭州:浙江工商大学出版社,2020.

[4] 马瑞,綦恩周.饭店前厅与客房管理实务[M].3版.广州:广东高等教育出版社,2020.

[5] 谢永健.酒店前厅与客房管理[M].2版.上海:复旦大学出版社,2019.

[6] 章勇刚,沙绍举.酒店管理信息系统——OPERA应用教程[M].北京:中国人民大学出版社,2019.

[7] 张胜男,何飞,李宏.酒店管理信息系统[M].武汉:华中科技大学出版社,2019.

[8] 仇学琴,邓芳,吴宏业,杨红波.酒店前厅客房服务与管理[M].北京:机械工业出版社,2019.

[9] 刘伟.酒店前厅与客房部运行与管理[M].北京:中国旅游出版社,2017.

[10] 黄晓菲,刘玮.前厅服务与管理[M].北京:高等教育出版社,2016.

[11] 巴尔迪.饭店前厅管理[M].5版.曾国军,译.北京:中国人民大学出版社,2014.

[12] 王培来.酒店前厅运行与管理实务[M].北京:中国旅游出版社,2013.

[13] 于玥.饭店前厅管理实训手册[M].北京:北京理工大学出版社,2011.

[14] 徐文苑.酒店前厅管理与服务[M].北京:北京交通大学出版社,2011.

[15] 袁文平,韩晶晶,王西方.前厅技能实训[M].天津:天津大学出版社,2010.

[16] 孟庆杰,唐飞.前厅客房服务与管理[M].大连:东北财经大学出版社,2010.

[17] 卢娟,马清伟.前厅与客房服务实训[M].北京:化学工业出版社,2010.

[18] 郭一新.酒店前厅客房服务与管理实务教程[M].武汉:华中理工大学出版社,2010.